I0534193

Lavoir
Mas de Jarlan
(Vidaillac)

Illisible !

dumêmeauteur*

certainesœuvrespeuventêtreconnuessousdifférentstitres

romans

lafauteàsouchonleromandushowbizetdelasagesse
quandlesfamillessanstoitsontentréesdanslesmaisonsfermées
libertéjignoraistantdetoilibertésdavantlan2000
virévirévirémêmevirédurmi
ilsnesontpasintervenuspeutêtreunromanautobiographique

théâtre

neuffemmesetlastar
lessecretsdemaîtrepierrenotairedecampagne
çamagouilleauxassurances
chanteurécrivainmêmecirque
deuxsœursetuncontrôlefiscal
amoursudetchansons
pourquoiestilvenu
aventuresd'écrivainsrégionaux
avantlesélectionsprésidentielles
scènesdecampagnescènesduquercy
blaisepascalseraitwebmaster
troisfemmesetunamour
javais25ans
révélationssurlesapparitionsdastaffortjacquesbrel/franciscabrel

théâtrepourtroupesdenfants

lafilleaux200doudous
lesfillesenprofitent
révélationssurladisparitiondupèrenoël
lelionlautrucheetlerenard
mertiloupréparelété
nousnironsplusaurestaurant

*extraitducataloguevoirwwwternoisenet

4

Stéphane Ternoise

Illisible !

Jean-Luc PETIT Editeur / livrepapier.com

peuimportesicertainessereconnaissentdansnostextesnousenveulent
parfoisleplussouventdailleursilssetrompentenpensantavoirétéentiè
rementcapablesdenousinspirerunpersonnagesionmetlesgensvraisd
ansleslivresquonécritcenestpasparméchancetéouparperversitécestp
ouratteindreunevéritégénéraleselonmarcelproust

Arbre accompagné

Tous droits de traduction, de reproduction, d'utilisation, d'interprétation et d'adaptation réservés pour tous pays, pour toutes planètes, pour tous univers.

Site officiel : http://www.ecrivain.pro

© Jean-Luc PETIT - BP 17 - 46800 Montcuq – France

ilyeutleromandelarévolutionnumériqueavecunamourbétonlesdeuxt
itressétaientimposésen2013puisleromaninvisibleen2014confronté
àlabsencedeplacedisponibledanslesmédiaspourlesixièmeromandu
nécrivainindépendantlidéeduntiragecollectorillisiblemasemblébell
eetcruelledédiéâmesamisjournalistescertainesmeconnaissentdésor
maismaislaréalitédeleursupportlesentraîneàchroniquerduproduitin
dustrielparfoisauréolédulabelindépendantquesignifientlesmotsqua
ndlusurpationtriompheunécrivaindoitaccepterlesystèmedeléditiont
raditionnelleavecsonpuissantsyndicatsneetsespatronsinstallésdansl
esgrandesfortuneslagardèregallimardesménarddelamartinièreetleur
sinféodésettoutlemondedeprétendreœuvreràsauverlespetiteslibrair
esquandlesnotablessengraissentillisiblelesmanuscritsgrecsetlatinsa
nciensaudelàdelacompréhensiondeceslanguesnoussontillisiblesles
pagesoffrentunaspectcompactdelignesauxlettrestoutesdemêmecali
breetserréeslesunesàcôtédesautressansespaceseulblanclesmargesla
scripturacontinualelecteurdevaitcomprendredéchiffraitàhautevoixa
uviiesiècledesmoinesirlandaisauraientlespremiersséparélesmotspa
sdespacemédiatiquepourceromanpasdespacedufrançaislatinisélanc
édanslecollectorjimaginaisunnouveautitreaucontenulisibleillisible
doublesortiedu25septembre2015marentréelittérair**stéphaneterno
iseseptembre2015**

Agneau Tatoué du Quercy

commedesmoutonslesinformésserendentenlibrairieetpensentc
hoisirilsontlechoixparmilesproduitsdeloligarchiepeuimportevo
tredécisionlesgrandespuissancesdeléditionengrangentdesbénéf
ices

leromaninvisible

leromandelarévolutionnumériqueexploreenglobenotreépoqueilabo
rdedoncnaturellementlephénomènedelacritiquelittérairedevenueun
earmedecommunicationentrelesmainsdesgrandsgroupesdelindustri
eculturellelarévolutionnumériquecestunepossibilitépourlescréateu
rsdeconserverlesdroitsdeleursœuvresdepouvoirproposersansdevoir
senréférerauxnotablesinstallésdansdesfauteuilsencoreplusconforta
blesqueceuxdelacensureilsconfisquentlargentleshonneurslesoutien
desfemmesethommespolitiquesquilspublientdonclesabondantessu
bventionsdenotreexceptionculturellelesauteursobtiennentdesmiett
esmaispeuventbénéficierdeboursesetautresavantagesnécessitédêtre
bienvutouteslesoligarchiescraignentlesrévolutionstoutlemondearai
sondecraindrelesrévolutionscarsilidéedejusticesertleplussouventde
détonateurdesgroupesparviennentrapidementàselesapproprierenga
rdantlesmotsvidésdesensmaisquanduneminoritédétienttouslespouv
oirslepeuplepeutréagirsaufsilestbientenuenlaissemanipulationdes
massesledangerdelarévolutionnumériqueexisteànotreépoqueellene
feraitpasforcémentlebonheurdesécrivainsmaislamainmisedesmarc
handsesttellequuntsunamisemblepréférabledoncleromandelarévol
utionnumériquefutlogiquementinvisibleavecquelquesexplicationss
upplémentairesdontunemagnifiqueinterviewdephilippesollersunen
ouvelletentativepoursauvercesixièmeromanunromannevitqueparse
slectricesetlecteurs

janvier2014

surlesiteinternetdesinrocksnotéedu25juillet2013uneédifianteinterv
iewdeléditeurphilippesollersundocumentsûrementégalementpublié
enpapierfiguremajeuredumilieulittérairefrançaisdepuisplusdunde
misièclephilippesollersestlundesraresàavoirréussiléquationpérilleu
sedêtreàlafoisécrivainetéditeuralatêtedelacollectionlinfinichezgalli
marddepuisvingtquatreansetdesarevueéponymephilippesollerssesti
mposécommeundécouvreurdauteurscécileguilbertrégisjauffretem
manuèlebernheimcatherinecussetquiontfaitleurchemindepuisaussi
exposéquamoureuxdelombreetdesapoésiesollersnéen1936racontea
ussilarevuetelquelbarthesetlacanbatailletoutendécrivantsonparcour
sdéditeurlinterviewdébuteparquandetpourquoiêtesvousdevenuédit
eurphilippesollersquandjemesuisrenducompteaprèsavoireuuntrèsg
randsuccèsavecunecurieusesolitude1958ndlrtrèsjeuneà22ansçame
paraissaittrèssuspectquilfallaitinfiltrerlesystèmedelapublicationbie
nmenapriscarjepeuxdireaujourdhuiquesijenavaispasjouécejeudabo
rdauseuilpuischezgallimardjenesuispassûrquejeseraisencorepublié
doncjemautoéditecestpresquesuffisanttoutestditlautoéditionpeutdo
ncsepratiquerparinfiltrationjelesavaisforcémentmercisollerspourta
ntilnefautpaslouperlasuitepourquoicontinuezvousàêtreéditeurparc
equecelamemaintientdansundialoguepermanentavecdautresauteurs
etquecelamintéressebeaucoupdevoircommentlatransmissiondelalit
tératuresopèremalgrétoutjefaisdeléditionpouraiderdesgensplusjeun
escarlesplusintéressantsontentre22et32ansaprèscestpourrileseulmi
raculédusystèmecestjeanjacquesschuhlanalysediscutablequilconvi
entderesituerilscrutenaturellementsonmondedeséditésaiderdesgens
plusjeunescarlesplusintéressantsontentre22et32ansaprèscestpourri
leseulmiraculédusystèmecestildevraitplutôtenconclurequesonsystè
meestpourricarildétruittrèsrapidementlesbonnesvolontéscenefutpa
slecasonpeutleluipardonnersonaudacefrisantdéjàlimpertinenceaud
acedeceuxquemêmeunesanctionnepeutplusatteindreilestnéen1936
zutcommemartinmalvyetjacquesmesrine;lesystèmesarrangerapour
noyercespropossparmitantdautresrendreinvisibleparlabondancelaco
nclusionatteindranéanmoinslemêmeniveaudintérêtquelincipitquep
ensezvousdelacritiquelittéraireaujourdhuiellenexistepratiquement
pluspasplusquelapresselittérairedanssonensemblemoinsilyadelittér
aturemoinsilyadecritiqueslittérairesetpluslatyranniepeutsexerceret

puisilyalincestuositédumilieucestsociologiqueenfrancelidentitésoc
ialedominetoutlaluttedesclassesresteunespécialitéaujourdhuiplusq
uejamaislesystèmedepublicationdesjournalistesaétémisenplaceaud
ébutparfrançoisevernychezgrassetdanslesannées70cétaittrèssimple
selonellesilesjournalistesécriventdeslivreslesjournalistesrendrontc
omptedeslivresquécriventleursconfrèresetainsidesuiteetlaplancheà
billetsétaitprêteelucubrationdunvieilhommeschémacorroboréparda
utresconfidencesmardi13août2013franceinterfindematinéeleseptan
tecinqminutesoùcharlinevanhoenackeretalexvizorekreçoiventericn
aulleauvisiblementseloneuxlecritiquelittéraireleplusimportantdupa
ysintéressantpourunécrivainneregardantpluslatélévisiondepuis199
3enconclusiondelextraitduneémissionsuissequiobservaitlafrancela
présentatricepréciselaurentattachédepresseindépendantilaosédirec
equineseditpastoujourscétaitlesjournalistesàparissontdevenusdesm
arquisetdesmarqueslesproblèmecestquetantquelesjournalistessero
nteuxmêmedesécrivainslecopinageilexisteratoujourséricnaulleaue
nchaîneàlatéléyapresqueplusdecritiqueetquedelapromoyaquelquec
hoseàréformercequonfaitpasserpourdelacritiquecestsimplementun
servicepromotionnelplusloincestunmilieuincestueuxvousallezavoi
rtouteslesformesdecopinagepossibleetcestvraimentlerègnedurésea
uhorsleréseaupasdesalutvousavezdestasdauteursdontlexistenceneti
entquàleurréseaucharlinedécouvreléditionplustardelleintroniserau
nnouveléditeurbrochéyadesauteursquiécriventdeslivresquisontauss
ijurysdanslesprixlittérairesdonclàcestdéjàpeutêtreunpeulimiteparc
equonestquandmêmedansunemaisondéditionetpuisondoitenjugerd
autresquiontaussileurpropreémissionetquiajoutentpeutêtreunechro
niquedanslapressealorslàonarriveavecdifférentescasquettesericjere
çoisdixlivresenmoyenneparjourjailuunlivrequivaparaîtreàlarentrée
duncritiquemulticarteettrèstalentueuxarnaudviviantquitravailleave
cmoiilauneexpressionpourlendroitoùilstocketouslesservicesdepres
seçasappellelecouloirdelamortcesontdescentainesdelivresquisaccu
mulentethumainementcestpaspossibledenveniràboutonseditceluilà
jaimeraisbienlelireetilvaêtreenterrésouslesenvoisdujourlasurprodu
ctionestunproblèmemaisregardezcequivasepasseretjevousinviteàle
vérifierlorsdelaprochainerentréelittéraireilvayavoir600ou700livres
jaipaslechiffreexactyenadisons2030quivontvraimenttirerleurépingl

edujeuilvayavoirunedeuxièmedivisionquivaconcerner2030livreset
laplupartdeslivresneserontjamaisrecensésalexestcequelevraimétier
ilestpaslàcestdallersurlesdixlivresquevousrecevezparjourtrouverce
luidelauteurquonneconnaîtpasetdedireceluilàestbienplutôtquededir
elenothombdecettefoisciilestbofericmoijessayedefairelesdeuxcestà
direjevaischercherdanslescoinsparcequejaimebienleslittératuresex
centréesexcentriquesmaisçamestarrivédetraiternothomboudesbests
ellersparcequesinonyajamaisdecontreparolecritiqueyajamaisunma
uvaisarticlesurnothombleplanpromotionnelmarcheàpleindoncfaut
quedetempsentempsilyaitunecontreparolecritiquemaisnonmonsieu
rnaulleaulacontreparolecritiquefaitpartiedelapromoetprendlaplace
dunarticlesurternoiseainsipierrejourdedanslalittératuresansestomac
2002résumaitcertainsorganeslittérairesontuneresponsabilitédansla
médiocritédelaproductionlittérairecontemporaineonpourraitattendr
edescritiquesetdesjournalistesquilstententsinondedénoncerlafabric
ationdersatzdécrivainsdumoinsdedéfendredevraisauteursnonquece
lanarrivepasmaislacritiquedebonnefoiestnoyéedansleflotdelacritiq
uedecomplaisanceonconnaîtcettespécialitéfrançaisequicontinueàét
onnerlaprobitéanglosaxonneceuxquiparlentdeslivressontaussiceux
quilesécriventetquilespublientle9mars2007danslemondedansunart
icledesoutienauxlibrairesbaptistemarreynotéécrivainnhésitaitmêm
epasàreconnaîtrelesgrandsgroupespublientdistribuentvendentetfon
tcommenterfavorablementlestitresquilsproduisentnormalilpubliait
danslemondenormalcesttellementbanalentrédanslinconscientcolle
ctifquilspeuventlereconnaîtreaudétourdunephrasesanssusciterdindi
gnationsansmêmeserendrecomptedelénormitédelaveuquilesdiscré
diteplusquenoscommentairesmaisilscontinuentcontinuerontsûrem
enttantqueleurspublicationssécoulerontautresaveuxremarquablesto
utdépenddelamaisondéditiondanslaquellevousêtesséditéetdutravailf
aitenamontparlesattachésdepresseauprèsdesjournalistesetdesjurésli
ttérairesalainbeuvemérypetitfilsdufondateurdumondeoùilsuitléditi
ontoutcepetitmondesetientparlabarbichetteouailleurssiplusdaffinit
ésetentirequelquessatisfactionsiljeanmarcrobertsnestpastrèsfierdel
amanièredontchaqueautomneilmagouillepourquesesauteursobtien
nentdesprixreconnaissaitjérômegarcinpeudetempsavantlamortdun
despatronsdunemaisonlagardèreparfoisfairelelarbinpourloligarchie

devientinsupportablecertainscraquentquandtoutadéjàcraquéàlintéri
eurdautressuiventuneligneéthiqueinvisiblepourtantilarriveunjouro
ùuncréateurenmargepeutrencontrerunvastepublicquanddesroutesse
croisentnulnemaîtrisecesparamètrespeuconnaissentcettesatisfactio
ndeleurvivant

Comme un écrivain indépendant

stéphaneternoise

illisible

kaderternslepremierauteurfrançaisayantannoncédesventesnumériq
uessupérieuresà10000suramazonaprèssonincroyablesuccèslepetitc
aïddu93étaitdescendudanslelotpourmyrencontrerjedevaisrédigerse
smémoiresstatutpeuglorieuxdunègreilfautbienboufferkaderternsle
météoritedulivrenumériquedisparudansdaffreusescirconstancesunj
ournalistelotoisosamêmeendécouvrantunparadisinsoupçonnélecha
rmesauvageetpittoresquedenoscoteauxduquercylinclassableauteur
du93ignoraitlesdangersdubétonquiguettenttoutnéoruralsouhaitantr
estaurerlunedenosbellesdemeuresabandonnéesvosmédiassendélect
erontbientôtkaderfutbroyésonassassinprésumésestsuicidésacompli
cepotentielleclamesoninnocencederrièrelesbarreauxetmoiquidevai
stenirlerôlepeuglorieuxdunègredelautobiographiedujeuneettalentu
euxécrivainchocdelannée2011jhésiteàlacroiretoutenredoutantdera
pidementmeretrouversoupçonnédoisjelaisseréclaterlaffaireoupuisj
eracontercommejenavaislintentionquandlaversiondelaccidentmese
mblaaussistupidequévidentemaistoutcecicétaitavantavantquetouts
accélèreetmaspiredansletourbillon

lesixièmeroman

unromanpolicierunromandamourcertesuneintriguepolicièredesmor
tsdesmeurtresdelavengeancedesfemmesdeshommesdescouplesdes
amantsdestrahisonsaubervillierslequercymaisilsagitdunvéritablero
manlittérairebienplusexigeantquelestexteshabituellementclassésen
romanspoliciersquiplusestdepuisladéferlantenumériquenibluetteni
hémoglobineroadromandoncunlivresusceptibledintéresserunlargep
ublicouresterinvisiblefautederéelancragedansungenreprécislesixiè
meromanèsqualitédécrivaintoujoursinconnudugrandpublicindépen
dantparconvictionsdepuis1991quatreansaprèsilsnesontpasinterven
usrepéréennumériquesousletitrepeutêtreunromanautobiographique

présentation

viegloireetdisparitiondunovnidelalittératurefrançaisekaderternsilfa
utloserletermelittératuredanssoncasmaisilfuttellementemployélitté
raturenumériquepostmodernebrutedaprèsleromandebanlieuedetabl
ettesdécomposéerappéebloguéenéoimpressionnisteirrésumabledan
stoutesacruautéaprèssonincroyablesuccèslepetitcaïddu93étaitdesce
ndudanslelotpourmyrencontrerjedevaisrédigersesmémoiresstatutp
euglorieuxdunègreilfautbienbouffersurtoutquandonvitavecunefem
mequisecroitobligéedenvoyercinqcentseurosparmoisàdjibouticom
mentjeavoirétémeilleureventeamazonkindleiltenaitabsolumentàcet
itreniluinimoilorsdecetentretienbanaletbâclénaurionspuimaginerq
uenosvieillespierresnossentiersetnotrecalmesincrustaientenluiaupo
intquilreviennyrestaurerunuruinenadègeillavaitpiégéeellelasuivik
aderetnadègeaminaetmoilebonheuràlacampagneilnenfutrienjenairi
endunenquêteuretcestuniquementparsentimentdevengeancepeuho
norableouidaccordsijaicherchéunesombrehistoirederrièreunstupide
accidentnadègeetlefilsdecarloontavouéquanddébuteralegrandprocè
slesmédiassejetterontsurlaffairequilsignorenttotalementpauvrekad
erdéjàoubliéforcémentremplacéilasuscitédenombreusesvocations
cesttellementinattenduinsoupçonnablepasunefuitemêmedansleurd
épêchedumidieuégardàmondécisifapportlinspecteursecroittenude
minformernaturellementenoffpeutêtreuniquementcarsarésidencese

16

condairenestquàdouzekilomètressijelaissaistranquillementfairejau
raissûrementdroitàunelégiondhonneuravecaumoinschristianetaubir
aàmontcuqpeutêtremêmefrançoishollandelétatmêmesocialisteabes
oindehérossurtoutdanslesudouestilssonttoustellementimpressionné
sparmonsensdelajusticejenallaisquandmêmepasleurracontercomm
entcarloabousillémesdernièresillusionsdamouren2010machinejudi
ciaireetuniversmédiatiquemenvoudrontsûrementdelesdevancerenb
alançantlesclésquilsauraientpristellementdeplaisiràdévoileraucom
ptegouttesjesuisécrivainquiplusestjaibesoindécrireaprèsdeuxannée
sdeblocagesenlecturecommeécriturejaibesoindepublierfauteduneb
oursedécrituredelarégionàchacunsonboulotsonexutoiresoncombatj
esuissûrementplusdouépourracontermaviequepourlavivreunamour
bétonlequelaminaetmoinadègeetkaderdixneufjoursnadègeetmoiav
onségalementpenséposséderlaformulemagiqueenfincestcequejaicr
uàunmomentencorerécemmentquandcerécitétaitquasimentachevé
maistoutvasiviteparfoisilfaudraittouttraturertoutréécrireàchaquefois
quelavierééclairelepassécommelesautresjemesuislaisséemporter

avecdanslesrôlesprincipauxkaderternsasignélavraieviedansle93b estsellernumériquenadègesacompagnestéphaneternoisepeutêtreler omancieraminasacompagnemarcelhaninvieuxvoisinlinspecteurdel attresabinemèredenadègelenotairejanjongbloedartisanlocalpabloex denadègecarlopèredepabloanaïscorrectricedelavraieviedansle93ka gerameilleureamiedaminabertrandexmaridaminaadamfrèreaînédis parudekader

illisible

ikader

ia

personnenelacontreditkaderternslepremierauteurfrançaisayantanno
ncéjaivendu10000ebookssuramazonfrunpetitcaïddu93entrédanslej
eusanslemoindresoucilittérairejustepardéfietfinalementnouspassan
tdevantnousquiavionstantespéréetrêvéquandlegéantaméricainouvri
tenfinsaboutiquenumériquecommercialisasonkindledanslhexagon
elespoirdunerévolutionnumériquetesloufjauraisbalancéaumarabou
tquimauraitpréditquelittératureetbétonnièreallaientrentrerdansmav
iejeneluiauraismêmepasoffertunebièretoutçapournadègefinalemen
tcherchezlafemmederrièrelaviedeshommessaufchezleshomosçava
desoitauraitsûrementajoutébrassensetencoreauraitilpeutêtreprécisé
plustristementlafemmenestparfoisquunobjetdestandinglalittérature
cestcommeladélinquancefautsavoirsorganiserunvraichefdespotesd
évouésetchacunsuitleplanlesinitiativesquisexcusentensuiteduntimi
dejecroyaisbienfairetoutlemondedoitsêtrebienenfoncédanslatêtequ
ilnaurapasloccasionderecommencerlécervelécoupabledunemalenc
ontreusebévuedesonautobiographiekaderenasimplementconnucest
roisphrasesinsatisfactiontotalepresquejusquàlarupturedecontratnad
ègemelaluledébutdetontrucjeluiaiditarrêtedonnemoiçailfautquejelu
iencausejaidesdoutesmeccesttropdifférentdelavraieviedansle93ana
ïsavaitsurevoirmontextesansledéformercommeelledisaitellemavait
également lusonpremierparagrapheettoutdesuitejaisuquecétaitbono
knickelcestexactementçajavaispaseubesoindeperdredesheuresavec
lerestemaistoitudéformestoutçasevoittoutdesuitetuveuxfairetonécr
ivaintucomprendsmerdecestfinivotrelittératuredepapierlesgensveu
lentqueçaclasheencoreaujourdhuijerestebienincapabledexpliquerc
equilentendaitparunelittératurequiclashemaisiladoraitcetteexpressi
onqueçaclashejeluiavaisdéjàdemandélerapportavecclashmaisilnav
aitjamaisentenduparlerdecegroupequeçaclashetoutlemondecompre
ndunclashouimaislalittératurequiclashetucomprendrasquandtuaura
svraimentcommencéàécrirejaimebiencomprendreleschosesquejécr
ischacuncomprendàsafaçonunlivrecestanaïsquiledisaitdonccestvra

19

itespasdaccordnaturellementmaislauteurdoitégalementmaîtriserso
nstylesurtoutquandilestauservicedunestartinquiètepasmecsiçaclash
epasjemenapercevraitoutdesuiteinutilederevenirsurladéfinitiondut
ermepeutêtredumodernepompeusementappelépulppardautressanse
xigencedavoirlucharlesbukowskiencoremoinscélinejétaislàdevantl
uisanslamoindreidéetraduisibleenmotsmêmeaveclereculaucunerép
onseadaptéenemevientfaceàmonsilencesûrementconsidérécommec
eluidunlieutenantfautifilasortidelapochettedroitedesonbleudetravai
lunefeuilleblanchepliéeenhuitlatranquillementposéesurlatableente
ckutilisantsoncoudedroitpourlaplanirpuisdébutalalecturedunmauv
aisélèvedecm1lalittératurecestcommeladélinquancefautsavoirsorg
aniserunvraichefdespotesdévouésetchacunsuitleplanjusquelàokçap
asseencorecestlaréalitéjauraispasdûlalaissercontinuercarattendlesi
nitiativesquisexcusentensuiteduntimidetumevoistumimagineslors
deladaptationaucinémasortirdesâneriespareillesettonlécervelécoup
abledunemalencontreusebévuejeconnaissaisnaturellementcetincipi
tdanssaboucheécerveléetmalencontreusefurenttotalementincompré
hensiblesquelquepartjavaispitiépourluimaiségalementpourlalittéra
turecesjournalistesblogueurschroniqueurstwitteursfacebookeursqu
isétaientcrusobligésdeconseillerlachatdesonebookcertessanslavoirl
uuniquementpoursaprésenceentêtedesmeilleuresventesleplussouve
ntavecunliendaffiliationetuniquementquelquesmotsmodifiésparrap
portàlaprésentationofficiellecopiéecolléetoutlemondeveutsapartdu
gâteauquelquescentimesdecommissionouunclicsurunepubgooglea
dsensejenepouvaismêmepasmemettreencolèreniluirépondrejavaisj
ustebesoindufricdecetteprestationdécriturejaimêmepensésilmemm
erdejeluigriffonneraiducharabiacommesaviedu93etbastatudéforme
scommedisaitanaïstucomprendstufaisdutrucdeprofjesuiscertainque
çadoitplaireàtonaminalesbellesphrasesmêmesonmiocheelleveutqui
lcausecommeunintelloiltiendraitpashuitjoursdansunvraibahutjetaie
mbauchépourqueçaaitdelagueulepaspourfaireduternoisecestmoiqu
ipayecestmonnomquiseraàlaunechezamazonilsmattendentjesuisleu
récrivainvedettejenetaipasdemandéunerédactionstylelouisxvionest
en2012cestsûrementsaréférenceàmacompagnequidéclenchamalgré
toutuneréponseousonrédactionstylelouisxvijaifailliéclaterderireoui
sûrementestcepourretenircetteréactionspontanéequilauraitmalinter

20

prétéequedesphrasesanodinessontvenuesilétaitparfoistellementdrô
lesanslevouloirenshakermélangeanttoutetnimportequoisanssesouci
erdelapparencenidugoûtducharabiaobtenujeterassureçanarienàvoir
aveccequetécriraitaminasituveuxtulaprendsàlessaielleatoujourspré
tenduquelleécriraitdeslivresmaisilnefautjamaislacroireçavadepluse
nplusmalentrevouslagrandedérivedepuisquejesaiscequilsestréelle
mentpasséàaddisabebafinalementtoutlerestefutdérisoirequandtuca
cheslimpardonnablepuisquetulemaquilleslejouroùilestdécouverttu
peuxdonnertoutlamourdelaterreonsaittrèsbienquecestuniquementp
ourtefairepardonnertusaisanaïsavait15ansetmêmesiellearéaliséunb
oulotremarquablepourunefilledecetâgetumasdemandéuneautobiog
raphiequelquechosequiseliravraimentquiresteraohaprèstoutjeneve
uxpastajouterdesproblèmessupplémentairestusaiscequetufaissûre
mentetjenaiplusrienàfoutredecesconneriesdelivresilsouriaitobserva
itleffetdesaconclusionenacteurquisurjouetoujoursjemedemandebie
nquelairilapumetrouverjepensaisàmachèreaminaànadègemesdiffic
ultésaveclesfemmescettesuccessiondéchecsjevoulaissimplementab
régercetteconversationretraverserlaforêtattendre14heuresquilmelai
sseécriretranquillementsoninutilerécitilenchaînacequimebottecestr
etapercetendroitetquenadègemefasseleplusbeaudesgossesjelaimeo
uijecomprendscequeçaveutdireaimerquelquunvouloirêtreheureuxe
tellemaimejemesuisrangédetoutilsouriraitenfinpresquenadègemav
aitconfiésalivraisonàtoulousesescinqcentsbilletsdecenteurosdebén
éficescestbizarreonseconnaîtdepuispeumaisyaquàtoiquejepeuxmec
onfiercommeçaalorsplaceauxjeunespourmoituvoisjaitrouvécequej
echerchaisdansladélinquancelefricpourmepayercepetitcoindeparad
isausoleilpouryvivrepeinardavecunesuperbenanajenelauraisjamais
crumaiscestcesilencequejaimejailimpressionquelesoiseauxmeparle
ntjaigagnéassezpourvivretranquillejusquàlaretraitejemenfousdeles
broufefinalementlamercedespournarguerlesflicsleskalachnikovsda
nslescavescegenredetrucsquitefontrêverquandtuasdouzeansetqueto
ngrandfrèrepourlapremièrefoistelaisselesuivretoutlemondedevraita
voircetteambitionduncointranquillepouryvivresanssseprendrelatête
boiredebonnesbièresmangerdufoiegrasetdelabriochebaiseretsendor
mirsanssoucisquestcequecestsimplelebonheurparfoisilmesurprenai
tconfuciusréincarnéaprèspassageparlacasetruandunmecsauvéparla

mourmaisjesavaisbienquetantquillepourraitilresteraitunpetitcaïdfie
rdegagnerenquelquesheurescequeleshonnêtesgensnobtenaientmêm
epasdurantuneannéeilavaitunnomunesituationdanslemilieumaisla
mourouipeutuninstantdétournermêmedunevoiesansissuejétaisbien
placépoursavoirquilsillusionnaitsurcesujetcommeonsillusionnetou
spensaisjeuneénièmefoislétatréeldesoncouplemerenvoyaitàmespro
presblessuresincohérencescesséismequandlasaintelaissaentrevoirsat
uniquedefemellesansscrupulesousseshabitsdemusulmanedoncintè
grefidèledouceettoutlebaratindontellemavaitabreuvésurtoutparmai
letskypeilestvraicétaitunmardile3avril2012vers10heureslabièrevid
ééjairetraversélaforêtilmeresteentêteladrôledidéepasséedurantlesd
ernièresgorgéesaveclabaguettemagiquedemagrandmèrelasolutions
eraitrapidejemesuissouventdemandédepuissilmefallaitrevisiterma
vieavecunetellepossibilitédetoutarrangersilmefauttoutbloqueroubli
erassumerenleréécrivantpourdébuterunnouveaulivreuneautreviesa
nslepoidsdupasséquisemblementraîneràrevivrelesmêmesenthousia
smeslesmêmeséchecsnaturellementavecdesapparencesdifférentesa
uquotidienetjenelaiplusrevukaderjallaisécrirerejenelaiplusrevuvivan
tmaispuisjevraimentconsidérercequejaivulelendemaincommeunje
unehommemort

ib

jenairienenregistréjenotaispaslenviededevoirréécouteruntelbarago
uinagecinqminutesdesoncharabiajelestraduisaisleplussouventenqu
elquesmotsfrançaissansqueouaisyeahtuvoistumsuisaujourdhuijesu
isbienincapablederetrouverlamoindredesesvraiesexplicationssionp
eutappelerainsidesmotsenfiléslesunsderrièrelesautressansverbeoua
lorsàlaconjugaisonincohérenteilmerappelaitalphonsedelécolecom
munalemaisluiétaitconsidéréhandicapédulangagemariageentrecou
sinstandisquekadersembleavoirétélechefdunebanderedoutabledes
mecsquisexprimaienttousainsiouicestdramatiqueetjenevoyaisvrai
mentpaslutilitédemonboulotdansuntelmilieuilssontincapablesdune
réellediscussionkadercestunasparrapportàseslieutenantscommeille
sappelledeshommesduneforceincroyableavecuneexpressionquiosc
illeentrelecm1etcelledutruanddesséricesaméricainesjétaislàpourleur
réinsertionmaistoutauraitétéàreprendredepuislécolematernelleetpo

22

urtantcesmecslàarnaquentdestypesavecbacpluscinqquisetraînentpr
esqueàleurspiedspourenavoirdelabonneilsroulentdansdesbolidesco
mmeleshappyfewdeneuillyçapeuttesemblerincroyablemaiscestégal
ementlafrancejesuistombéeelàdanscettecitéquandmamèreadûvendre
notremaisondontellenepouvaitplusrembourserseuleleprêtaprèsladi
sparitiondesonmari;alorselleaachetécequellepouvaitvudelàbascétai
tencorelecoindesbourgesàdeuxpasdestoursnadègeàlesécouterlimpr
essiondegrandscayonssincrustaitdansmatêteetpasseulemententrece
ttecitéetlequercyunpaysfragmentéoùlecommunautarismeconflictue
lfiniraitparsinstallerjenavaisdailleurslesprémissesdevantlesyeuxda
nscecantonderésidencessecondairesoùrégulièrementdesbandesven
uessyfondrediscrètementétaientdémanteléesaprèsdesdizainesdeca
mbriolageslesplussouventheureusementmaispourcombiendetempse
ncorechezlesfriquésrentréjemesuisbizarrementassoupidanslecanap
éetnadègevers14heuresmyréveillalasuitedesonautobiographieilnen
auraitpasplusaimélestyleàvraidirejenelappréciaispasnonplusjamais
jenauraispucréeruntelpersonnageçamembêtaitcettelimiteduréelcett
enécessitéderédigerjemefaisaisleffetdunjournalisteunsimpleintervi
ewerdugenreentretiensdemartinmalvyavecjeanchristophegiesbertet
marcteynierpourunlivreinutilemaisjelespèrepoureuxcorrectementr
émunéréjavaislucedocumentquandleprésidentduconseilrégionalme
fitrépondrequeffectivementjenétaispasunécrivainpourlecentrerégio
naldeslettresdeuxeurosetdixcentimessurpriceministerçanevalaitpas
pluscedesracinesdescombatsetdesrêvesquimeserviraitàargumenter
surlaquestiondedéontologiedugrandhommequandilpubliaunenouv
ellecontributionchezunéditeurtoulousainauquellemontantdesaides
verséesparlarégionmeresteinconnucertainsinterrogentmalvydautre
sternsettoutcelamultiplielenombredeslivresinutilesaupointquelesle
ctricesetlecteurssontincapablesderemarquertouttextedignedelapost
éritéilsemblebienexisterunevolontédenoyerdanslamassetoutécrivai
nrefusantdesesoumettreausystèmedanslequelilpeutêtrerécompensé
silacceptedemontrerlebonexempleauxjeunesjenevaispasvousbarbe
ravecdeshistoiresdu93lessentielestconnuunjourjaibousculécequev
ousappelezlalittératurefrançaiseetçadepuiscélineçanétaitpasarrivé
mêmemichelhouellebecqetchristineangotmescherscollèguesnontq
uébranlélemurdustylejesaisquelepourquoietsurtoutlecommentdece

23

trucçavousintéressejenereviendraidoncpassurmaviedavantsaufnatu
rellementsiellepeutvouspermettredemieuxcomprendrecommentjes
uispassédevantgallimardgrassetflammarionetlesplumitifsquiavaie
ntpréparéunplanbiencarrépourgagneràcettegrandeloteriedelanouve
auténumériquevousvoyezjeconnaismêmelesnomsdelaconcurrence
moilécrivainindépendantlekpmkindlepublishingmanjadorelekpmk
aderpublishingmagicfandentmsurlaphotoavecnkmyeahmêmemich
elhouellebecqetchristineangotnontquébranlélemurdustylejavaissou
rienletraduisantainsiparfoisçamamusaitcejobçamesemblaittelleme
ntirréelridiculegrotesqueuneremarquedeluciaetxebarriadansamour
prozacetautrescuriositésmeservaitdeviatiquedegardefoumaintenant
jesuisserveuseaubarjegagneplusquecequejegagnaisdanscebureauet
jailesmatinéespourmoipourmoiseuleetpourmoiletempslibrevautplu
squelemeilleursalairedumondejeneregretteabsolumentpasmadécisi
onetjamaisaugrandjamaisjeneretourneraistravaillerdansunemultina
tionaleplutôtdevenirputesielleavaitrédigéenfrançaisauraitelleutilisé
deveniroufairemariannemillonlatraductriceaconsidéréquedansnotr
ebellelangueilconvientdéviteraumaximumlesfairemaisfairenestpas
êtrepourdevrailedevenirdeluciaetxebarriamesembleplusprochedem
onfairelenègrefairelaputelittéraireunménageàfairelenègreonledevie
ntonprendlestylelabassessedelafonctiononacceptecerôleconfortabl
esahsrisqueetcorrectementrémunéréàlivrerunemarchandisedonton
neserapasresponsableestonécrivainceluiquimetledoigtdanslengren
agefinirabroyéparlesystèmenègreunefoispasdeuxfutmontantradece
sderniersjoursdattenteduprintempsgagnertroisansdetranquillitéen
melaissantallerfinalementdansmonéchecjavaisacquisunecertainen
otoriétépourquuntelplanmesoitproposédelamêmemanièrequejeten
aisenvendantparfois250eurosunliensurblogamournetàinsérerdansu
narticleanodinoùdoitfigurersitederencontresenancrelamêmelogiqu
edetotaledéconnexionentreletravailréeletlargentobtenusévitégalem
entdansmamarginalitébosserdeuxanssurunromanpourenvendre92e
xemplairesà1euro99soitmêmepascenteurosderecetteauteuroupasse
ràlacaissedesprestationsdecegenrejemesouvienssurtoutdunelourde
fatiguequimesttombéedessusenretraversantlaforêtmaisdansmatêtec
esujettournaitencoreunexempleauquotidiendunelogiquemondiale;
nospetitesviesreproduisentdesschémassociétauxcommelatyrannied

ansuncouplerejouecelledunesociété;chacunàsonniveauexpériment
edeslogiquesmondialesayonslecouragedeladmettre;cenestpasnouv
eautandisquevangoghcroyaitensongéniecertainsamassaientfortune
etreconnaissanceencommandespubliquesetventesmédiatiquesamin
asouhaitaitquejeluiconfiecetargentpromettantdelutiliserpourembel
lirnotreespacedevieelleconsidéraitmonrefuscommeunmanquedeco
nfianceunrefusdeplusaprèsceluideluioctroyerlamoitiédelamaisond
ansnotrecontratdemariagejenevoulaispasdevenirmusulmannevoula
ispasluidonnerunepartiedecettemodestedemeurepourquellesesente
vraimentchezellenevoulaispaslacomprendrealorsqueleBertrandleb
onblancquifutsonmaridontellefinitparvraimentdivorcerdébut2011a
vaittoutacceptéetpourtantnousétionstoujoursensemble

ic

cejourlàmonbrouillonselimitaitencoreàdessériesdedéclarationsplus
oumoinsfumeusesnaturellementfranciséesparfoisdesdialoguesjepr
évoyaisdinsérerdesparagraphesdexplicationsmaiscethabillagenem
esembleplusnécessairemaintenantquilsagitdemapropreoptiquecelle
duromandekaderleregarddunécrivainunécrivaininconnumaisréelne
ndéplaiseauxmartinmalvyetauxgérardamiguesdelaterresurunphéno
mèneéditorialsurunevictimefinalementjaieubesoinderelirepaulaust
ersespassagessurlehasardpourreprendrecetextepourquoiaijeétéemb
arquédanscettehistoirequinemeconcernaitnullementetbrusquement
maassignéunrôledelienentredespersonnesdontlarencontrerelevaitd
éjàdelimprobablesecoussesquipourraientbouleversermesconvictio
nscertespasaupointdepenserquundieuexisteetsamuseavecmoijenau
raisnicetteprétentionnicettefaiblessesiaminamelitunjourjelimagine
biensarrêterpoursimplementmurmurerilnechangerajamaismêmece
signedallahillerejetteparorgueilsamauditeprétentionàsecroiresupéri
eurauxautresaupointdenepasvouloircroireendieuouimadamelasoph
isteetsesnospiresfautesdieunouslespardonnequandnousleluideman
donsavecuneentièrehumilitécroireenluicestlessentielcestcequiltefa
utcomprendrenousdevonsaccepternosfautesluidemanderpardonetn
ousengageràvivredésormaisdanssavoienousdevonsnoussoumettreà
sapuissancelimportantcestdecroireetdereconnaîtrenoserreurscestav

eccegenredargumentsquemalgrélaconfessiondegravesfautesdejeun
esseelleréussitàgagnermatotaleconfiancefin2008elleavaitcertestrah
iencorerécemmentsonmarimaisavecmoijamaisellenecommettraitp
areillevileniecroixdeboiscroixdefersijemensjevaisenenferpaulpréb
oistgastondeferrejavaisfredonnéunefoisilnyapasdecroixchezlesmu
sulmansfutsarépliquepuisjeluiavaisexpliquérenaudquelleconsidéra
niveaucm2encetteoccasionilnycomprenaitrienàlamourlebertrandda
illeursilavaitcommisunefauteimpardonnableenomettantdeluisouha
iterleuranniversairedemariagepuisensejustifiantenlacomparantàun
portableconsidérémerveilleuxàlachatmaisauquelonnaccordeplusgr
andeattentionaprèssixanssixanscétaitalorslâgedeleurmariagecertes
ellejubilaitdéjàavecunamantcestensuiteenrelisantsesmailsquejelaic
ompriscétaitsûrementunautresujetpourlheureen20082009jétaislho
mmeparfaitsauflindispensablenécessitédemaconversionavantnotre
inégalablebonheursousunmêmetoitaujourdhuijemedemandesielley
croyaitvraimentensesbellesenvoléeslyriquesousielleyrecouraitpour
toujourssedonnerbonneconsciencefairetablerasedupasséetjubilersa
nscomprendrequelonpuisseluienvouloircommedansladélinquancec
estchacunsonterritoirejeleurailaissélestablesdeslibrairesilsmontlais
sélestablettesilsnontpasvraimentréagiàmapercéemédiatiquejenesui
spasdupepoureuxégalementjesuisunnazedetoutemanièreilsnemont
paslujesuislopportunistequiasuprofiterdusystèmelecroisementnum
ériquededjameldebouzeetmichelhouellebecqjadorecetitredesinroc
ksdanschaquepaysuninconnuréussitàsimposerçanechangerienausy
stèmemaisaumoinsçapermetàquelquundedevenirunestarpourmoiêt
restardanslepayscestunesuitelogiquejelesuisdepuissilongtempsdan
slacitégamindéjàjétaislepetitfrèredadamlemagnifiqueouicemecqui
namêmepasécritunelignedesontorchonillisibleconceptualisaitanaly
saitàlombredevantmoiquiavaispubliécinqromansetsurtoutdesessais
avecfinalementdesobservationssimilaireslespensanttrèsiconoclaste
smaisellesnétaientquévidencesetdansmoncasraisonnementspurem
entintellectuelsinutilesalorsquesansgrandephraseilavaitcomprisles
rapportsdeforceenprésenceetutilisélapetiteouverturesansscrupuleni
étatdâmeavecentêteunseulobjectiflapremièreplaceduclassementdes
ventesdamazonensuitelescritiquesquejepensaisindispensablesdobt
eniraveclaqualitédemesécritsillesaaccumuléesuniquementparsapla

26

cedeleaderdesventesjelavaispourtantmarteléquenosvénérableschro
niqueursorthographiantparfoisvénérablesrecopientlesdossiersdepr
essebaratinentparsimplecopinageetilsontbêtementretranscritleclass
ementconsacrélelauréatlepublicavaitforcémentraisonvendrecestga
gnerexitlejugementcritiqueletitulairedunecartedepresserapportedes
faitscommesilavaitletempsdeliredeslivreslépoquenepeutplusnourri
runjournalismedinvestigationdoncmêmelemondesestadaptéaujour
nalismedaccompagnementquandmêmeplushonorablequecouchéau
servicedesinstallésdeloligarchielespolitiqueslesgéantscommerciau
xlessportifslesartistestousàlaffutdesdépêchesdelafpsidesélecteursv
otentpouruncandidatlhonorablenotabledoitlaccompagnercommeil
brodesurlesgrandsévénementsanalyselesrésultatsdemichelinoulaga
rdèredoncdansledomainelittéraireunprofessionneldelaréécrituredes
communiquésdepresseunrôleessentielchezleséditeurslattachéedepr
essequinedoitpashésiteràutiliserdesargumentspersonnelspourobten
irdelasurfacemédiatiquevousrêviezdecomprendrelemondecommen
cezparpersonnaliserunedépêchedelafpmaistoutcelaestconnudequiv
eutleconnaîtreetlesautressenfoutentjavaiscruutiledeledénonceralor
squelesvedettesdecesystèmeleconcèdentbalancentparfoisaudétour
dunarticleinsipideouleplussouventquandunconfrèrelesinterrogeint
erviewaudioilsnesontmêmepasaccusésdenepassavoirtenirleurlangu
enidesetireruneballedanslepiedcestainsilafranceestainsionnepeutri
enychangerdetoutemanièrenulnaccordederéelleattentionàcegenred
eproposjaicrupouvoirêtrelhommeduchangementcestmaintenantma
issûrementsuisjetropdanslasincéritépourquelemoindredemescrispu
isseatteindremêmequelquesmilliersdoreillesplusjelécoutaisplusje
mesentaisdégoûtéellesavaientserviàquoimesanalysesdésillusionné
essurcetuniversmédiaticolittérairecesontjustementcesillusionsqui
montmaintenuauxportesdutop100aijecruauréveildesmédiasquilsfo
nctionneraientautrementaupremierchocdelebook

id

aijevraimentcruenlarévolutionnumériqueouijedoismelavoueralors
quilsagitpourlinstantdunesimpleétapedansladominationparlesédite
ursdumondedeléditionpéripétieoùleslibrairestraditionnelsdisparaît
rontmaislessentielserapréservélesgrandsgroupescontinuerontàtenir

lesécrivainsentenantlesmédiaséquilibrismereposantsurlavanitéoùle
schroniqueursserventlasoupeauxpoulainslancéscomplaisanceleurp
ermettantdefigurerdanslagrandeécurieavecleurslivresinutileslesécr
ivainspourraientcalligraphierstopsurleurssitesleshonorablestitulair
esdunecartedepressepourraienttoutstopperetpourtantcestencoreenc
oreencoreilsnemontpasluonnelitpaslaconcurrenceonlasurveilleono
bservesesméthodesouiilavaitcomprisetnesétaitpasembêtéavecdesq
uestionsdestyleseulletitrecomptaitcefutsatrouvailleenfinmêmepasp
lutôtcelledanaïslavraieviedansle93etilsuffisaitauxbesogneuxrédact
eurspourbroderquandcenétaitpasracontertoutautrechosesoutenirou
dégommerlapolitiquedugouvernementouduprécédentilagagnécom
mestéphanehesselcommemarclevycommephilippesollerscommech
ristineangotaupointquedansunefeuillesérieusephilippeforestécrivai
nilseprésenteainsipuissechroniquieraupremierdegréetsanssusciterle
moindretirdemoquerielebouquinunesemainedevacancesendébutant
paràjustetitreonditsouventdunvrairomanquilestirrésumablecarenre
ndrecomptesousuneformeautrequecellequesonauteurachoisierevie
ntprécisémentàdéfairecequeceluiciavoulufairecestparticulièrement
lecasaveclenouveaulivredechristineangotlesmêmestermesanalysen
ttrèsbienlœuvredemonexployeuràjustetitreonditsouventdunvrai
romanquilestirrésumablecarenrendrecomptesousuneformeautrequ
ecellequesonauteurachoisierevientprécisémentàdéfairecequeceluic
iavoulufairecestparticulièrementlecasaveclepremierlivredekaderte
rnsphilippeforestécrivainpouvaitnéanmoinscomplétersongrandtrav
ailauservicedulectoratfrancophonedanslemondedeslivresdisonssi
mplementquunesemainedevacancesréécritlincestestock1999leplus
célèbredesromansdechristineangotunromandéjàdignedefigurerdan
slalonguelistedesirrésumablesoùrangerlavraieviedansle93simpose
unromansentimentalunromanpolicierunromanhistoriquebienmieux
quecelamonsieurutopieunromanirrésumablecefutcerteslexigenced
ejamesjoycemaisilnestpasnécessairedavoirluulyssepourprétendree
ntrerdanscerayonvouéàdéborderdéjàbienremplimêmeparleséditeur
straditionnelsenconsultantcettepressedaccompagnementjedéniche
quandmêmedansrue89etcenestsûrementpasunhasardquecesoitdans
unsupportsanshistoirepapiermêmesilfutengloutiparlenouvelobsune
référenceàstéphanehesselcommelevieilhommemonsieurkaderterns

suscitedesachatsdesympathieportésparunbontitreetunstatutdesymb
oleinattaquableconsensuelcertesdelancienrésistantaujeunequasidél
inquantladistanceestbienplusgrandequedematignonàlelyséemaislu
netlautrereprésententdesstéréotypescescasesquaffectionnetellemen
tnotresociétédanssonbesoinderepèresdepuisladisparitionouradicali
sationdesreligionsetlachuteducommunismesignéjeanchristophema
riondesraccourciscontestablesmaisunrapprochementlouablepeuim
portentlesméthodesleséditeursnaimentpasquonaillefouinerdansleu
rsaffairesquecesoitleuropeoulegouvernementaméricainsurunepossi
bleententesurlestarifsoulesprixlittérairesilsnontdoncpaschercheoffi
ciellementàcomprendrecommentleptitmecdu93agrillélesmilliersda
uteursplusoumoinslittérairesquisesontlancésdanscettegrandeloteri
ecettecourseàlagloirequefutlarrivéedukindleenfrancejesaisbienstép
hquetuauraisnettementplusquemoiméritédêtrelécrivaindelarévoluti
onnumériquenadègeleprétendilparaîtquetécrisnettementmieuxques
onexquinétaitquunscribouillardprétentieuxcommeellemaditsiçape
uttefaireplaisirparaîtquelesvraisécrivainsviventsurtoutdecomplime
ntspourquoiellemaluehouicestellequiaachetéluniqueexemplairequ
etuasvendumaisnonjerigolestéphaneçatevatrèsbienlerôleduromanc
ierinconnupeutêtrequepourtes70anstuaurasunejusterécompensedet
ontalentunejusterécompendetontalentçatétonnecommeexpressio
nmaiscestencoredenadègemaiselleestcommetoiellenarienpigéàlalo
giquedecettegrandeloterielaqualitécesthasbeenlestylejetenparlemê
mepasdailleursmêmeavantmoicequelisentlesgenscesontdestraducti
onsvitefaitesharlequinetcompagnieparcequelesaméricainssaventra
conterdeshistoireslesgensveulentdeshistoiresquilessortentdeleurqu
otidienlaqualitévotrequalitécenestplusquunemarottepourdesacadé
miciensquinontrienàdiredoncprétendentquelestylefaitlœuvrejavais
comprismaisjenaipaseuleculotdentirerlesbonnesconclusionsenfaitt
uaseupeurquécrireunlivredemerdecomplètementloufçatepoursuive
toutetaviealorsquemoiilspeuventdégommermesphrasesprétenduesi
ncompréhensiblesjemenfousetenplusçanempêchepaslesgensdachet
ercarsilsmetrouventàcôtédelaplaqueilsnoserontpluslavouercarlavo
uerceseraitreconnaîtreleurjugementbourgeoisleurincapacitéàcomp
rendrelabanlieuedonclemondeactuelcestcommevotrevieillechanso
nfrançaiseetlerapvosvieillesradiosnevoulaientpasenentendreparler

durapcommevosvieuxlibrairesrefusentlenumériquerésultatlesgens
ontvouludurapilslonteuetjoeystarradétrônécabrelgoldmanettinoros
si

ie

nadègeluilisaittoutcequiparaissaitsurluiiladoraitregarderlesphotose
tlestitresilcachaitderrièreladésinvoltureunréelproblèmedelecturepe
utêtreensouffraitilfinalementilluidemandaittoujourssonavisavantd
emenparlernosexpressionsengloutiesdanssonimmenseshakerressor
taientdemanièrealéatoiresanslamoindreconsciencevisibledelesrepl
acerdevantleurauteurcequidénoteaumoinsunréelintérêtpourcesujet
etnotreplacedanssavieriendétonnantcertes:télévisionsradioswebetp
rochesconstituentpourlamajoritéunréservoiràexpressionsetidéesreç
uesmaispassélestadedusympathiquecetteméthodeshakersombraitd
anslerisiblepourtantilajoutaitsouventunetouchepersonnelleunelogi
queimplacableilexpliquaitainsifacilementmonéchecmaissespropos
nemétaientdaucunservicejecontinueraiàcroireenlalittératuremêmed
ansunmondequinelaméritepascarfinalementmilankunderaphiliprot
hpaulausterphilippedjiansontlusettantdautresnesontquachetéscom
meunprodevantunamateurunboxeurfaceàunsacilmebalançaittonpro
blèmecestquetuasvoulufairedelalittératuretuasréfléchiàtoutcefolkl
oreàcommentséduireunlectoratetdesmédiasalorsquuneseulechosee
stimportantecommentarriverentêteduclassementlargentamènelarge
ntlesventesamènentlesventestuescommelesautrestunesaispasanaly
serunesituationetyrépondrecommesitavieendépendaitlécoledelarue
tuvoiscestçaquelletapprendcommentgagnercarsituperdstesunperda
nttuvoiscommetoiettulerestestoutetavieleschroniqueursauraientpul
uiaccorderuneoncedebernardtapiegagnerjemedoutebienquilsontem
ployéleursfouineurspourassimilermaméthodedanslebutdelareprod
uireàplusgrandeéchellemoiaussijaiobservélesgrandsfrèresavantded
evenirlebossetjaicomprisleurserreurscestpourquoitumevoisiciviva
ntetsijemeconfieàtoijetemontremêmequelquesfaiblessescestparceq
uetesunmecdifférenthorsjeumenveuxpasmaisteshorsdujeuetmême
unpeuhorsjeutunarriverassûrementàriencartunespasprêtàaccepterle
mondetelquilestpourledominerlemondeilfautdabordlecomprendree
taccepterdenepaschercheràlechangerjusteenprofitercenestpasmoiq

30

uiaicréélabanlieuejesuisjustearrivélàjaiobservéetjaidécidédêtrelepa
tronalorsquetoituvoudraischangerlemondedeléditionrienqueçalesr
évolutionnairesnedeviennentjamaisrichesetcestquandilssontmorts
quonlesglorifiemêmelesbobosportentleteeshirtducheguevaraaprès
mamortonpeutmoubliermoicequejeveuxcestvivredanslepésentces
tparcequevousnarrivezpasàréussirdanslepésentquevousnoussortez
desphrasesdugenrelhistoiresaurareconnaîtremontalentfoutaisesque
toutçafautqueçaclasheçatembêtequejemeservetoujoursdetoicomme
exempleilyasûrementunepartdevéritédanslamanièredontlesgensno
usconsidèrentnousavonstroisidentitéscelledontlesgensnoushabille
ntnotreréputationcellequenouscroyonsavoiretlanotreréellejecroisq
uepersonnenatteintvraimentlétatdegrâceoùilseressentetsevoittelqui
lestvraimenttumexpliquerasçaunjourenfrançaisçamalairintéressant
maisjereviensànoséditeurspoureuxlimportantnestpasdêtrelepremie
ràavoirunebonneidéemaisdeparveniràentirerlemaximumalorsquem
êmelecôtéfinancierjemenfoutaisquestcequejauraisfaitavecdeuxmill
ecinqmilleoumêmedixmilleeurosjenesuispasleseulàavoiressayéde
magouillermaislesautresontmanquédaudacedecohérenceetsurtoutd
entrainementaucombatcertainssegargarisaientdetroisminutesàlatél
éou12joursdansletop100ilfallaitungagnantilnepouvaityavoirquung
agnantunamandahockingfrançaistoujoursnosinrocksdixitvousavez
analyséçaêtrelamandahockingfrançaisvousavezmêmeessayéderepr
oduiresoncasmaisvousavieztoutfauxnousnesommespasauxstatesla
francenestquunpetitpaysquecesoitpourletraficdedrogueoulalecture
mêmelefricilnefallaitpasypensermecnilefricnilestylerienqueletopd
uclassementetjairaisononparlederéussitepourmoietdéchecpourtoip
irepersonnenesintéresseàtonéchecjauraispumelancerdansdesanalys
espluscomplexesluirétorquerqueluicommemoioncherchedessoluti
onsindividuellesalorsquelagardèregallimardetlesautresréfléchissen
tentermeglobalilssouhaitentunmondeoùlesécrivainsseretrouventob
ligésdeleurabandonnerlaplusgrandepartiedesrevenusdeleurtravailil
ssenfoutentmêmequequelquesmarginauxréussissentaprèsdesannée
sdecombatsouparhasardàsensortirmaislesaventuriersfinissenttoujo
ursparêtrerécupérésdeleurvivantouaprèsastérixenestlexemplelplu
sflagrantfinalementtombédanslescarcellehachettealorsqualbertude
rzoavaitcrééen1979leséditionsalbertrenéjauraispuluirépondreçaser

31

tàquoimaisnavaispasenviedentendredenouveauàbaiserleplusbeauc
uldu93mecetdetoutemanièrejenétaispasnonpluscertaindemespropr
esmotivationsnipourlefricnipourlareconnaissanceduneœuvrequide
toutemanièrenexistaitpasilmavaitdéjàracontélepourquoiducomme
ntaprèstoutgermainedestaëlconcédaencherchantlagloirejaitoujours
espéréquellemeferaitaimerjechercheautrechosequelamourjeluirésu
maisnéanmoinsetilsemblaréellementmécouterjacceptecetéchecjela
dmetstusaisjenattendsriendeplusquedegrappillerchaqueannéelemin
imumpourvivremêmesousleseuildepauvretéofficieltusaisbienqueje
nauraispassignétoncontratsanscettenécessitéfinancièresimartinmal
vynavaitpasbloquémondossierdebourseaucentrerégionaldeslettresj
enauraispaseubesoindecefriccetteannéejauraispuajouterquelquestit
resmaisjerestepersuadéquedanscettevoiejaiunepossibilitédatteindr
ecequejecherchelœuvremajeureetmêmeaujourdhuijeresteassezprét
entieuxorgueilleuxsituveuxpourcroirequilsuffitdundéclicpourque
mestextessoientvraimentlusexploitéslethéâtrepardestroupeslescha
nsonspardesinterprètessicestcequetucherchesmaisfranchementjene
nvoispaslintérêtdailleurspasunjournalistenesintéresseàcegenredetri
paumoyenâgepeutêtrecestcequisemblaitimportantdevendredeslivre
squandyavaitnitéléniradiomaisaujourdhui!ondiraitquetunaspascom
prisquonesten2012jepenseavoirintérioriséquàchaqueépoqueilyeutd
esartistesquicherchaientsimplementàplairepourréussirentreguillem
etsetdautrespourlesquelslartrépondaitàunbesoinexistentieljenesais
paspourquoimaisjecroisquejesuisdececôtélàpeutêtreàcausedelenfa
nceouimêmeaminasembleincapabledecomprendrecebesoinexistent
ielexistentieltusaisavecdesmotspareilsilstinviterontjamaisàlatélém
êmejeanpierrepernautnemploiejamaiscesmotsdintellectuelsilsaitbi
enquonchangeraitdechaîneleschroniqueurssontdesgensnormauxtus
aispasdesintellectuelsilssontmêmesympasleplussouventahlesgrosn
iqueurscommeonlesappelledanslesudouestsûrementleffetdelaccent
petiteanecdoteracontéeparlasdesbluffeurslalittératureestuncombat
uneguerreavecdelintoxetdessnippersjememetsàthéoriseremployerl
emotlittératurecommesijavaislumichelhouellebecqfrédéricbeigbed
erhonorédebalzacetmarcelprostouieninterviewjelesaismaintenantq
uelécrivainsappellemarcelproustmaisdurantmonenfancealainprost
matellementbercéentournantdesheuresdanslatéléavecsavoiturerou

gequejelaicommisdisonscelapsuseninterviewnadègeavaitétégénial
eelleestintervenuearrêtededéconnerkadermonsieurvacroirequetuco
nfondsalainprostetmarcelproustilnesaitpasforcémentquecestunede
nosblaguesmarcelprostjavaisenchaînélimprovisationcestmongrand
talentouaisyadudjameldebouzeenmoijesuiscertainquemonsieurava
itcomprismêmesilnapasfréquenténotreécoledelarueдugénialdegaul
eouilartdesefairedescomplicesdespotesdesamisyavaitdelaminadan
scemecmêmetotalementincompétentesurunsujetellepeuttedonneru
neleçonrienquaveclatchatchelesourirecemecmétaitsympathiquema
isdeplusenplusilmapparaissaitcommeunversantmasculindaminajai
mêmepenséunjourelleleséduiraluiexpliqueralanécessitéderetrouver
sesracinesmêmesiàsaconnaissancejamaispersonneparmisesancêtre
snesestpréoccupédereligionetilseconvertiraprêcheraécumeralesplat
eauxavecsonbaratindabdelmalikdelebookcescénariomauraitsûrem
entapportédautresgenresdennuis

iinadège

nadègeahnadègeavouevousnaviezjamaisvuunefemmecommeçaauv
illagelevieuxsesyeuxensortentdesatêtejepeuxtoutluidemanderavec
plaisiravecplaisirmaisleplaisirestpourmoiellemeprenaitpourunnaze
forcémentuntypequisuitleparcoursderéinsertionuniquementpourév
iterlacaseprisonmaiscontinuenaturellementàtrafiqueretcommelesa
utrestomberavraimentunjourçacestcequevouspenseztousquonnepe
utpasmagouilleruneviéentièreenpassantentrelesmaillesdevotrefilet
yenaquimeurentsansavoirconnulautrecôtédesbarreauxetcesonteux
nosvraismodèlesfautpascroirequelaprisonnousformeçacestcequonr
aconteauxmédiaspourvousdonnermauvaiseconsciencesivousenfer
mezunjeunevousenferezuncaïdonveuttousdevenirdescaïdscestdans
lanaturehumainemêmetoimectuveuxdeveniruncaïddelalittératurec
estuneautrefacedukaléidoscopecestjusteunequestiondecréneausitu
avaiseulachancedêtrelepetitfrèredadamtuseraissûrementàmaplaceç
asevoyaitquellenycroyaitpasnonplusàlamaintenduedelasociétéquiv
arécupérerunjeunehommedanslebiznessdepuispresquedeuxdécenn
iesouaismecjaidébutédanslacarrièrevers7anscétaitjustedelasurveill
ancegenreappuyersurunboutonquanddébouleunevoituredeflicsava
ntledébutdelaffairekindlejenaijamaisloupéunrendezvousdanslebur
eaudenadègeellemeprenaitlesoirà17heures30pouréviterquejerestet
outelaprèsmidimaisjemenfoutaisjarrivaisdèslouverturesauflapremi
èrefoisforcémentjavaisrendezvousà10heures30jemesuispointévers
15etlàlechocjesaisbienquetousmavaientjuréquelleétaitcanonquilsn
epensaientquàlaniquerquandelleaouvertlabouchejelauraisvioléeell
eestsortiedesoncabanoncétaitautourdefaridjaifaillineplustrouverles
motsmoiouijétaisintimidéheinfaridquetumelaissestontourjavaisren
dezvousà10heures30avecmademoisellepasdeproblèmekadercesttoi
lebossjesaisilnauraitpasdûmappelerainsichezlennemimaisyavaitna
djdevantnouscommeilslasurnommaientlesréinséréssociauxjecomp
renaispourquoimaintenantjesuisentrédanssonbureauetjenensuisres
sortiquà18heures30tousfaridahmednicofredpaulotousontjuréquem
aprésencenelesdérangeaitpasquilsnavaientrienàmecacheretcestvrai
quilsnontrienàmecacherà18heures30elleavraimentappuyésurlebou
tondalertecétaitpasdelarigoladeleskeufsontdébarquédanslestroismi

34

nutesgyropharesjeleuraiexpliquéquecétaitjustedeladraguequejétais
amoureuxettoutquejevoulaislinviteraurestaulabaiserettoutunflicclui
aproposédelaraccompagnerelleaacceptéjétaisvertelleestmontéedan
sleurvoiturelàjemesuisjuréparoledekadercettenanajeluiferaitoutete
npluselleaimeraçalaviolerdanslebureauçacestuntrucjesavaisbienqu
ecétaitimpossibletoutlemondelesavaitcestlegenredeconneriejamais
personnepariceilaferaitmaisjauraisfacilementpulaviolerunsoirmême
demanièreanonymecauraitétéfaciledelafaireembarqueretlivrerdans
unecavemaisnonunenanacommeçailfautqueçasedonnevraimentbie
nsûrsiellenavaitpasrespectésaparolequandonapariélàelleyseraitpas
séeettoutlequartierenauraitprofitémaisdèscejourellenaplusrencontr
éunseulproblèmetoutlemondelasaluaitdunaimablebonjourmadame
ternstuvoisjaitoutdesuitecomprisquecestunefilleentreelleetmoicest
pourlavieilfallaitentrerdanssonjeunesurtoutpaslacontrarierattendrel
apetiteouverturepouryplacerunpiedcestunefillequonbaratinequons
éduitquondrogueaubesoinmaisquonneviolepascommediraitlautrela
utredececestunefillequonbaratinequonséduitquondrogueaubesoin
maisquonneviolepasjesaisdésormaisquilsagitdupèredepabloalorsa
ncienfiancédenadègemaissurtoutlecarlodegyptairremarquéparamin
ale9décembre2009àlaéroportducaireescaleduvoladdisabebaparisso
nptitappareildanssontroisièmetiroirouvertjelaiimmédiatementrema
rquédéformationprofessionnellesielleenpossèdeunonenrécupérera
destasdanslessacsdesbobosvoussavezcessacsquelesgaminsmeramè
nentnonsivousnavezpaslumapremièreœuvrevouslignorezetcestécri
tnoirsurblancdanslecontratsignéavecamazondanscerécitjemadresse
augrandpublicpasseulementàmesfidèleslectricesetlecteursbrefcesta
insiquejaidécouvertlekindlemapremièreréponsefutcestduchocolat
maisjeluiaipromisdenacheterunetlelendemainbienfierjerevenaislui
présentermonjoujouhightechlalivraisoncesten24heuresminimumet
encoreavecchronopostcestunpotechronopostnonjedéconnetunevas
pasmecroiremamèrerequisaitcombienjadorelalittératuremenaoffertu
njustementhiersoir!maisjaibesoindetoipourmeconseillerenlivresàa
cheteronprendlekâmasûtrapourlessayercesoirtuvoisjenconnaisdes
motscompliquéstucomptesvraimentliresiletitremeplaîtjepeuxtenirj
usquàlacinquièmephrasecestarrivéaveclepetitprinceuncadeaudemo
npèreladernièrefoisquilestpassécétaitennonjenevaispastefairepleur

ersurmeshistoiresdefamillelenfancedifficilelemanquederepèreetto
utilmappelaitmonpetitprincemonvieuxtuconnaislepetitprincedunm
ecavecunnomàdormirdansleséglisesleasaintespritlireensemblelekâ
masûtraàtoiletexteàmoitoncorpsçametentevraimentmapetiteprince
ssejetappelleraitoujoursprincessecenestpaslegenredesurnomquime
plaîtetjeteconseillemêmedenejamaisplusleréutiliserjamaisjenelaira
ppeléeprincesse;tusaislesfillessontbizarresdoncparfoisilfautleséco
uterunmecmaexpliquécestàcausedeshormonesellesaccordentdelim
portanceauxdétailsmaissurlessentielonenfaitcequonveutsilmavaitf
alluémettreunavisdéfinitifsurlesujetjauraisoptépourlecontraireetna
turellementjenallaispasluiexpliquerque48heuresplustôtnadègemav
aitracontéceprincesseceterribleprincessequimefitsimalquandmoiég
alementjelaiprisdanslagueuleaveclesmailsdececarloàcettesaletéda
minaquipourtantlesmêmesjourscontinuaitdemécriremonamourtum
emanqueslàdansles12mètrescarrésréglementairesdemademoisellel
aréférentel'idéedegéniequandellememontreavecunpetitsourirenarq
uoisdéplaisantlaboutiqueamazonkindleetsesmeilleuresventeslejour
oùjesuislàtucouchesavecmoiellemaregardéensouriantjavaisledoigt
sursonécrantuveuxdirelejouroùtuesentêtedesventesdelaboutiquea
mazonkindlebinouaistumasracontéjairetenuquonpeuttouspublierav
oirunbouquinlàmaispourêtrelàcommetudisilfautquelesgensachèten
tmonamifutlundespremiersàutiliserlaplateformedautopublicationd
amazonenfrancemalheureusementsanouvellenapasencoretrouvéso
npubliccestunnazetonritaljetaidéjàditdelepasserparlafenêtredusixiè
mesituveuxonsenchargeouaisjécrisunlivrelesgensachètentetlejouro
ùjesuislànumberonetucouchesavecmoiellasouriellemeprenaitpour
unnazeunnazeparmilesnazesalorsquelleellecroyaitsensortirenétudi
antencontinuantdétudierlesoirpourobtenirencoreplusdediplômeset
unjourdécrocherleboulotoùellegagneraitenunmoiscequisempochee
nquelquesheuresenfournissantauxbobosslapoudredontilsontbesoinp
ourcalmerleurstresslespauvreschouxelleréfléchissaitlaquestiondec
oucherrevenaitdanslaconversationaumoinstreizefoisparrendezvous
elleapensémepiégerelleestdoncentréeàpiedsjointsdansmonfiletsitu
meprometstoidetemettreàécrireetdenejamaisplusmeparlerdecouch
eravantdêtrenuméro1desventesonseleprometjenenparleplusquoiqu
ejenmeuredenviejepourraispasobtenirunpetitaperçulàjustetabouch

36

eceseraitdéjàtasuntrucquelesautresnontpasokettoilejouroùjesuisnu
méro1tucoucheslàicidevantlécranettupasseslesnuitsavecmoitantqu
ejerestenuméro1promisetaprès30joursjetedemandeenmariageons'a
chèteunemaisonàneuillytarrêtesceboulotàlacontuteconsacresàlécrit
uremachérieettoiaussitudeviendrasnumberoneokelleasouriellemep
renaitpourunnazelegenredesourireduvendeurdeconforamalegenred
esourirequisignifiejerentredanstonjeucarjenairienàperdreellehésita
itquandmêmeetcestvraimentparcequelleacruneprendreaucunrisque
quilestsortiokjemesuisapprochéjeluiaitendulamainetfaceausilence
elleafiniparfrapperdedansjesuispartisansmêmeessayerdeluicaresser
lesseinsnetinquiètepassijeloupequelquesrendezvoustumenotesprés
entjesuisunvraiécrivainjemenfermedansmachambrejenavaisaucun
eidéedelamanièredontjepouvaisréussircequiluisemblaitimpossible
maisjesavaisquecétaitmaseulechancedevraimentcoucheravecelleja
maislidéedelapayernematraversélespritonnepayepasunefemmeonla
prendsaufforcémentcellesdontcestlemétierchacunsonjobehouaism
oikaderpourconsommernadègesanslaviolerjesuisnuméroundesvent
esdukindleetdepuisjecâlinelaplussublimedesnanasdupaysmaintena
ntjenaiplusbesoindeçaelleestamoureusedepuismoncontratavecama
zonjecroisquelleenamêmeoubliécevrainazederitalsonpabloetleursr
êvesàlacoduneviebourgeoiseenquartierrésidentieletgrandsvoyage
sorganisésélleestmafemme

iiinègre

kadervenaitdepasserdanslémissioncapitaldu19février2012kindlela
liseuseduxxièmesièclejavaislusonnomdansquelquestweetsetcomm
entairesquandilmacontactélundi20févrierà15heures17viawwwecri
vainprosalutstéphanejesuiskaderternstusaisforcémentquijesuislaut
eurdelavraieviedansle93tusaisécriremaistunesaispastevendrealorsq
uejesuisbankableilfautquonserencontreetquetuécrivespourmoipour
temontrerquecenestpasdubluffquejenecontactepastrenteécrivainsje
tefaisundonde500eurossurtonpaypalkaderlastardukindlejesaismain
tenantquilenvoyasonbrasdroitchezlécrivainpublicquivenaitdesinsta
llerboulevardduogénéraldegaulleàaubervillierspourobtenircetexteex
pédiésuruneadressemailpuiscopiécolléenremplaçantémilezolapark
aderternsetlargentparlavraieviedansle93tucomprendsfallaitpasque
cemecsachequemoikaderjecherchaisunnègrealorsonaprisunnomau
hasarddanslaboutiquekindletuvoisonnapasfaitdétudesmaisonconna
îtlavielàjesuissûrquetunyauraisjamaispenséilnefautjamaislaisserde
tracenirisquerdesefaireremarquerlorsdunrepéragejauraisaimévoirla
têtedecetécrivainpublicunloufunnazeilvoulaitriencomprendrefarid
adûluiposercenteurossurlatableetluiexpliquertroisfoisletopoilneco
mprenaitrienjenavaispasjugéindispensabledelinformerdelannéeden
aissancedelauteurdesrougonmacquartcelundi20jeluiairéponduvers
19heuresaprèsenavoirdiscutéavecaminaquines'étaitpasrendueauco
llègecausemigraineslesoirellemavraimentfaitlamourçafaisaitbiensi
xmoisquellenavaitpasprispareilleinitiativeouilemecmeconsidéraitc
ommeunvéritableécrivainnonjenepouvaispasrefusersapropositionê
tresonnègrecétaitmachancedetoutemanièremeslivresnesevendentp
asçanesertàriendenrajouterdautrescetteexpérienceallaitmepermettr
edeprogresserécrirepourlesautrescestsûrementunebonneécoleunde
sderniersprixgoncourtadailleurstravailléainsidurantdesdécennieset
çanelapasempêchéderéussirouipatrickrambaudprixgoncourt1997a
veclabataillemaisnoubliepasquilsagissaitdundesjournalistesdumag
azineactueletunepersonnalitédupetitmondelittérairequipubliaitégal
ementsoussonnomchezgrassetdechezlagardèreousouspseudonyme
scétaitundecespetitsapparatchiksdeléditionàcausedesquelslesystèm
etientnesoispasnégatifregardeleboncôtédeschosescemecabesoindet

38

oiettuasbesoindeluivousdevezvousentendreeuphoriquejallaisdeven
iruneformedesalariédelécritureetfinalementcestcequelleattendaitde
moiunsalairefixeetdeshoraires48heuresplustardildébarquaitjeluiav
aisproposédeleprendreàlagaredecahorsmaisilnapasvoulumedérang
erfinalementjeluiaidonnérendezvousaucaféducentreàmontcuqilnec
onnaissaitquemaboîtepostalelinviterchezmoijamaislorsdunpremier
rendezvousavecunefemmequiplusestavecuntypevenantdelàhautou
aismoilacailleradu93àmêmepasvingtcinqansmesmémoiresintéress
entcommentjeavoirétémeilleureventeamazonkindleçasappelleradel
alittératuremoderneavecdesphrasesquicognentdelavitessedelémoti
onduvécujeveuxqueçaclashelesintellectuelspassésparlesécolesnont
aucunechanceilsontperdulecontactaveclaréalitémoijevaistedonnerl
aréalitéiltesuffiradelanoterjaireçudamazonunmégaàvaloirpourmes
mémoiresjesuislamandahockingfrançaisamazonvoulaituncontratd
exclusivitéilsontpayémapagefacebookdépasseles15000fansjesuisa
cclamédanslaruejereçoisdesinvitationsdelamairiebientôtjauraidroit
àtf1letopundossiersurlabanlieuequiréussitquicroitauxnouvellestec
hnologiesenlavenirquandlesptitsblancsmoisissentrepliéssurleurca
membertetleurslivresenpapierjelaipromisjevaisrefilerlarecettelesin
grédientsaugrammeprèsdoncjavouetoutdesuitemêmesituavaisforcé
mentdevinéjétaisloindes10000quandjaiannoncécechiffrequifaitrêv
erdixitmêmelemondeouaislaclasselescolonnesdumondeavecmême
unsuperdessindepanchosuperdrôleavecuneétagèrerempliedecentai
nesdekindlemaisçamapermisdelesatteindrejesaisbienquelleestconn
uecettetechniqueilsuffitdeprétendreunechosepourquelleseréalisejai
simplementététélemeilleurcuisinierleplusrapideonnemanipulepasdel
amêmemanièreletop50deschansonsàlaconetletop10damazonkindle
lecontratsignéjaiposélaquestionpuisjefairecroirequunmeccommem
oinestpascapablederacontersaviedoncsepayeunnègrecequicréedeu
xniveauxdécritureetdanalyseréponsevousêteslécrivainnousavonsc
onfianceenvousmaisgardezlestylequevosadmirateursadorentjavais
parcourufautedepouvoirlireuntelramassissansqueuenitêtelavraievi
edansle93toujoursà99centimessuramazonouiaminaaveccinqcentse
urosjepouvaismachetercebouquinetmêmetenoffrirunpourtonplaisir
puisquetuaslachancedeposséderlundespremierskindlevendusenfra
ncecadeaudanniversairepromisfinalementarrivéenoctobrejenepouv

aisdoncpasimaginerquepouruntelrésultatilavaitdéjàutilisédeuxnègr
esainsinelequestionnaispassurlevéritableauteurdecebestsellerfinma
rsjeluiaidemandétularaconteraiscommentnotrepremièrerencontrem
ontcuqcestletroudumondejenesuispaslepremieràleremarqueretçane
tefaitmêmepasrirecestvraiquetesunmectropsérieuxilnepouvaitpass
empêcherjecroisetaitcepourmetaquinermetesterdaprèsnadègemessi
lencescesérieuxlemettaientmalàlaiseilavaiteuenviedemecognerco
mmeçajustepourvoirmaisquelquechoseleretientlebloqueetprétenda
itignorerquoinéanmoinsleplussouventenchaînaitpartuterendscomp
tecetypeestnélamêmeannéequemonpèrebizarredobserverlaréalitéso
uscetanglemaisjavaiseffectivementvingtansen1988etjauraiségalem
entpuavoirunenfantcetteannéelàcefutdailleurstoutlebienquemesou
haitafanoàlasaintsylvestreetdurantdessemainesellemelançarégulièr
ementsondésirdematernitéjavaisbeauluirépondresurmonbtsàobteni
runemploiàtrouverelleconsidéraitinutiledesesoucierdelamanièredo
ntonélèveraitunmarmotquheureusementavantnulnesenpréoccupait
sinonpersonnenenauraiteusoutouslesauraienttuésàlanaissancenous
aurionspuavoirunenfantquiauraitlâgedekaderdoncplusâgéquenadè
gecetterévélationmeperturbamaisellelecompritimmédiatementetm
apaisaquelleaventureonnepeutpascroirequeçaexisteenfrancedesend
roitspareilsunsilencemêmepasunaviontasletempsdecompterlesvoit
uresenfinsûrementquepourunécrivaincestunblédidéallefouaprèsun
ebièreilavoulumemontrerdesgariottesdeslavoirsdespigeonniersque
stcequilmennuyaitavecsesvieillespierresjenesaispaspourquoijenev
oulaispaslecontrarierjesavaisquecétaitluimonnègreetilfuttrèssensib
leàmonpetitcadeauohjusteunepetiteboîteàcigaresavecuneenvelopp
eàlintérieuroùiladécouvertunbulletindulotocinqbonsnuméросçaent
retientlamitiéetnonimposablejeneluiaidoncpasdemandésilacceptait
;ilavaitempochélenveloppeavecunsimplemercijauraisapprécíéunpe
uplusdenthousiasmeetquandjeluiaiditdonctureparsavecmoiilmasor
tiokpoursigneruncontratmaismavieesticidoncenprécisantquenoséc
hangessedéroulerontparskypeouletéléphoneçamaunpeudérangéqui
lnesouhaitepassefaireuneopinionsurleterrainvoirlacavedanaïslebur
eaudenadègesonappartementlemienlecrématoriumlascenseurdelaci
télamachineàécriredefatimaunsauvagecemecpourtantjelaiassuréqu
ilpouvaitvenirsansproblèmequejeluiaccordaisuneprotection24heur

essur24quilnauraitpasunsouciquejemettaismêmedanssonlitunesup
ernanachaquesoirsillevoulaitmaisjaicomprismoinonplusjenavaispa
senviederevenirdanssonquercyetjeluiavouaisquetoutessesvieillespi
erresmebarbaienttuesdubétonmoidelapierreilmarépondualorsonest
repasséchezluiilacherchéunmodèledecontratsurinternetonenacausé
tandisquilarrangeaitsescopiercollerjétaisdaccordsurtoutjepeuxmê
metedirequepourlefrictauraisdemandéledoublequetulauraiseupourt
antaminamaréprimandéelleatrouvéquejavaisexagéréquejavaisprofi
tédelasituationcestvraiquelleadesrelationsbizarresaveclefricrienqu
edenvoyercinqcentseurosparmoisàdjiboutielleestmaladeilssepayen
tsatêtelàbasilsneluidonnentrienenéchangepourquoituneluiaspasexp
liquéokjevousdonneautantcetteannéemaisvousmontezvotrebizness
etlannéeprochainevousvousdébrouillezcestunpeumapositionavecla
formulequilvautmieuxapprendrequelquunàpêcherquedeluidonnerd
upoissonmaisilparaîtquejesuisbienuneuropéenquinycomprendrien
àleurstraditionsquelargentilsenontbesoinpourmangeretquedetoute
manièredanssafamilleonnesaitpasgérerunbudgetuneaffaireteniruun
magasinsamèreaessayéquandellesestretrouvéeveuvemaiselleaccor
daittellementfacilementlecréditquelleétaitrarementpayéeetnepouva
itplusacheterauxfournisseurselleyadilapidélemincecapitalhéritéelle
estmaladeellegagnemilledeuxcentseurosparmoismêmepasparjoure
telleenenvoiecinqcentssiellegagnaitaulotoaussisouventquemoijesu
iscertainquelleauraitmêmepasunlivretapleincestharamlefricsurunc
ompteencoreplussilrapportedesintérêtslesintérêtssontcomplètemen
tharamilfautdonnerdonnerdonnerlannéedernièreaveccles1000euros
depensionalimentairereverséechaquemoisparlepèredesonfilsplusson
contratdevacatairecétaitleuphoriesamèreamêmeputerminerdacquér
irsamaisoncommeelleseplaignaitdelétatdemavieille205jaiquandmê
meréussiàlapersuaderdacheterunevoiturecefutuneoccasioncarlemo
mentvenuilneluirestaitplusquequatremilleeurosalorscetteannéeilfa
udraitquejassumelesfinsdemoisetpayelélectricitéparcequemadamei
lluirestetroiseurosetquesonsalaireellelattendmaispromislemoispro
chainellepaieracequelledoitpuisquellevatoucherssesheuressupplém
entairesmaistoutçamêmesilàonenritçarésumesavielespromessesne
ngagentquelinstantprésentouijelepensaisàcemomentlàellerépondav
ecarrogancequandjeluirappellesesproposetlemêmescénariosurtoutr

ecommenceaminalesbellespromesseslesmailslyriquesjetavouequej
enenpeuxplustuvoisjaitrouvélafemmeparfaiteelleprenddanslepotce
quelleveutmaisellesecontentedepeusielleavaitmonfrictonaminasa
mèrepourraitsachetertoutlerizdedjiboutimaisilfaudraitluienrenvoye
rlemoissuivantcarlescousinslescousinsdescousinslesvoisinslesvois
insdesvoisinsseraientpasséspourquellepartageparaîtquelesafarsson
tainsicestdansleurscoutumesmaisilscommencentàsapercevoirdeleu
rmarginalisationdanslasociétédjiboutienneoùlesissassaventgérerun
budgetetfairedesaffairesmaissafiertécestquilnyapasunafardanslaru
ecarunafarsaitquuneporteluiesttoujoursouvertetandisquechezlesiss
asoùlentraidenestpasaussidéveloppéedesmendiantstraînentellereco
nnaîtpourtantquecesystèmeaseslimitescardesgenspréfèrentvivreau
xdépensdesautresplutôtquedetravailleretentretenirtoutuntasdepara
sitesalorschezlesfamillesquiontlachancederecevoirdelargentdefran
cecesttableouvertecestpourçaquilsélèventleursfillescommedebonn
espoulicheschargéesdeséduireletypeblancquipourranourrirtouteun
etribuundemespotesafaillisefaireavoirilyétaitmilitaireetaulieudeco
nsommercespetitesbeautéscaryapasàdireellessontmignonnesilsesta
mourachéleconilsestmisuneballedanslatêteenjouantàlarouletteruss
eilcroyaitmimpressionnerellelavaittrouvélebonbougreaminamaisàf
orcedeliredeshistoiresdamourelleacruquecétaitplusimportantquelar
gentlamouretaujourdhuiellerevientauprincipederéalitédelafilleaîné
edelàbasquidoitsesacrifierpourenvoyerchaquemoissonvirem011tilfa
utsouventchoisirdanslavieentrevivrelamourouessayerdegagnerdufr
icjaicruquelleétaittournéeverslamouruniquementcarceluiquiétaiten
coresonmarisoccupaitdesquestionspécuniairesmaisquandellesesta
perçuequejevoulaisbienapporterlamourmaisquepourlargentilfallait
quellesedébrouilleargentouamouroumêmenilunnilautrejesuispourt
antlexemplequonpeutavoirlesdeuxetpourtanttuesrevenudanscelotd
esvieillespierresouaisleplussurprenantcestquàpeineretournédansna
dègejenavaisquetesvieillespierresàlabouchelebétonmesemblatoutd
uncouptristefautdirenadègeétaittoujoursàmerelanceralorscestsibea
uqueçaettoiettacharmantecompagneavezacceptédenousfairevisiterl
esamedicestvraiquelleestcharmanteelleatoujourslemotaimablelevi
euxtrouvequecestunefemmefantastiquepourtantilnajamaiseuloccas
iondevoirsesseinsetencoremoinslerestequandjeluiaidemandéilmav

aitbalancécestpasunefemmecommeçacestunefemmedroitetinquiète
pasjeneluiairienracontédecarloetcompagniejecroisquildésapprouve
latenuedenadègemêmesilnepeutpassempêcherdeserincerlœilquand
nadègemavaitconfiésaversionjenavaispumempêcherdelataquinerle
sfemmessontterriblementmanipulatricesetleshommesnevoientjam
aisrienlesfemmesjenesaispasmaisdepuisdesannéesjechercheunema
nièredemensortirmensortirvraimentjaibienpenséàdisparaîtreunmat
inpourrefairemavietrèsloinmaisjesaisquemamèrenesenseraitjamais
remiseetjecroisquecestdevenuimpossibleaveclespasseportsvisascar
tesdidentitélesavisderecherchederepartirdezéroailleursjaibienpens
éàluiexpliqueràmamèremaiscommentluiavouertoutçaellequimecro
ittellementheureusequisestdécarasséepourmepayerdesétudesetma
intenantsonplusgrandbonheurcestdemeregarderbelleetdiplôméealo
rsellemecroitheureusecestcequejevoudraisdevenirdoncouijailégère
mentmanipulékaderaveclintentiondeprétendretomberamoureusede
cetterégionetsipossibledyresterjenepouvaispaslimagineréloignéplu
sdetroisjoursdesespotesjignoraissilallaitêtreréceptifàmesarguments
maisaumoinsçareprésentaituneopportunité

ivuneruine

samedi25février2012nadègesemblaitémerveilléeellecaressaitlesvie
illespierresenlaçamêmeunchênemangeadespissenlitsquandjeusrac
ontéquelesancienslesutilisaientensaladebuvaitleaudesruisseauxbie
nquejelendissuadaisenluiexpliquantlespesticidesetnitratesdescham
psdebléettournesoletcestaprèsdeuxheuresdanssessentierssansavoir
croisélemoindrehumainmaisaperçutroisbicheschevreuilsenréalitéet
deuxlapinsoùilsnouspensaientégarésquonestarrivéaupanneauàvend
reaminalaimaitcetteruineelleauraitvoululuachetermaislabanquerefus
aitdeluiprêterplusqueleprixdunbilletdaviondanssixsemainesle7avri
lprécisémentellerepartirait14joursàaddisabebajelamaudissaispluso
umoinsensecretdavoirmodifiéleplanningprévusimplementcarsesva
cancesdeprofnecorrespondaientpasaveccellesdesonfilscetteannéea
vecsonpèrelàbasenéthiopieoùellemavaitpromisdenejamaisretourne
rprofcontractuellecarnaturellementenavril2010ellesétaitpresqueau
ssilamentablementplantéeauconcoursdinstitquen2009arrêteavecça
cestdelhistoireanciennetunevoudraisquandmêmepasquejerestesix
moissansvoirmonfilsilrevientcestprévuainsisurlespapierssignésche
zlavocatevalidésparlejugedevotredivorceouimaisjetravaillerailàbas
ilseraencoursmaisonauralessoirslesweekendscommeicimaisquandj
etravaillejesuisépuiséetandisquequandtuvoyagestujubilesçanarrêta
itpascettediscussionmaisellepartiraitelleavaitpayélebilletdavionave
cunempruntpuisquesonméchantamouravaitrefusédelesluiavancerle
smillecinqcentseurosquilpossédaitpourtantetellemedégoûtaitdenou
veaujenelasoupçonnaispasdelintentiondemytromperpasmêmedess
ayerderevoiramicalementsoncarlomaislaplaieseréouvraitcomment
pouvaitellenepaséprouverlamoindrehantiseàlidéederemarcherlàoù
delhistoireanciennevoulaitellevoirlesyeuxdanslesyeuxsophielaman
ièredontellesecomportaitavecsoncherfilsaminaauraitvoululacheter
cetteruinepropriétéenrestaurationplutôtoùlepropriétaireasûrementd
éjàtrimédesannéessurlamaisonpuisledécouragementlaprisoulâgelar
attrapécinqcentseurosparmoissixmilleparandepuisdixansaveccesso
ixantemilledapportlabanqueteprêteraitdoncjepréfèrequellenemeprê
tepasjesuisfièredecequejaifaitcetargentétaitplusutilelàbasquiciunjo
urjelauraimamaisonmaismamèrepasseratoujoursavantalorspourqu

44

oiteplainstujenemeplainspasmaisjevoudraisbienlacheterpouravoir
untoitaucasoùtumemettraisdehorsseulelamortdecettemèresemblait
pouvoirnoussauverà52anselleseconsidéraitdailleursdéjàcommeune
survivanteayantenterréquasimenttouteslesfemmesdesonâgemaisgr
âceàsafilleprovidentielleellesesoignaitcorrectementàlamoindrealer
tedanscescaslàimmédiatementaminaaugmentaitladotationnadègese
stfaufiléeparlespacedunefenêtreàposernouslavonssuivieellerêvaitt
outhautlàceseraitlacuisineicilecanapéenopenspacetroischambresau
dessusellenousaregardéssilabanquemefaitunprêtjelachèteaminalui
aréponduisilabanquemavaitprêtéjelauraisachetéeetkaderjelachèteun
soirdefinmarskadermaconfiéjignorecequisestbidouillédansmatêtej
emesentaistoutbizarrejemevoyaisvivrelàavoirdesenfantslesélevertr
anquillementlebuspasseraitsurlecheminenbasaprèsleruisseauilsner
isqueraientpasdetombersuruneseringuenidechoperuneballeperdueo
udêtreécrabouillésparunevoituredekeufsonnesaitpasonnapasidéequ
andongranditdansnotrebétonquuntelmondeexisteetquilpeutprocure
rduplaisirleretouràlanaturecommeilsbaventàlatélénadègeégalemen
tfinmarspeuaprèsjignoraissilallaitêtreréceptifâmesargumentsmaisa
umoinsçareprésentaituneopportunitémonenthousiasmepourcetteru
inecenétaitqueducinémacequejevoyaiscétaitloccasiondequitterle93
javaiscomprisquelàbasjenemensortiraisjamaisilmefallaitéviterdêtr
elenjeuduneguerreentrebeursetritalsjétaislelotdugagnantunequesti
ondhonneurentrekaderetpablolesdeuxmontpiégéejenepouvaispasi
maginerkadervivreicicetendroitareprésentélespoirdemelibérerdece
tteprisonjétaiscertainequilretourneraitlàhautavanthuitjoursetilsypla
îtlebétonlabièrelabriochetoilevieuxetmoiilmeditquilatrouvécequilu
iconvientsymboliquementtucommencesàprendrelaplacedesonpère
etlevieuxcelledesongrandpèreetilsaitquesilretournelàhautilfiniraco
mmelesautresvictimedunambitieuxsoncousinfaridilsenméfiedeplu
senplusàchaquefoisquejecroismedébarrasserdunbourreaujailimpre
ssionquonmenchaîneencoreplusjenetedemandemêmepasdaidecarje
saisquarrivéeàcepointtouteslessolutionsjelesaiimaginéeslastarduki
ndleimmédiatementpragmatiquemequestionnaitçacoûtecombience
genredemaisonenrestaurantquandlesanglaisachetaienttoutleproprié
taireauraitmisenventevers250000eurosmaintenantilseracontentden
obtenir180000etsilestpressétupeuxlavoirà150peutêtremêmeunpeu

45

moinstuessûrtunoubliespasunzéro150000çatesemblepeuquandcom
memoiontravailledepuisses6ansettusaisjaisouventgagnéaulotoaub
ancoenfinàtouscesjeuxdehasardjesuisnésousunebonneétoilenadège
estintervenuealorsçasepassevraimentcommeçaquelquunaunbulleti
ngagnantetunpetittruandluirachèteenluioffrant10ou20%enpluslebu
ralistetouchesacommissiondemiseencontactcestlatechniquedublan
chimentdelargentdeladroguemonamourjenetaijamaisjuréavoirétéu
nangemaislàjachètecettemaisononlaretapecommedeuxbourgeoiset
onyvittranquillestuarrêteslapiluleetonrepeuplelecoindabordjaiparlé
lapremièredachetercetendroitetçamedérangeraitdevivresousuntoita
chetéaveclargentdeladrogueetdubisnessattendsmonàvaloirsuffitall
ezmoitiémoitiéoknadègehésitaitokjignoreencoresespenséesdurantc
ettehésitationatellememoriséseséconomiesladifficultéprobableàdé
nicheruntravaildanslarégionpourrembourserunprêtatellefinalement
considéréquelessentielétaitdavoirunersaisondevivreloindu93quedet
outemanièrekaderyretourneraitetsyferaitrapidementliquiderbonjou
rànosnouveauxvoisinsvoushabitezàdeskilomètresparlesentierderri
èrevotrenouvellepropriétédisonsquunkilomètreetdeminousséparec
estêtrevoisinparicionamarchédurantdesheureslessentiersparfoissec
roisentserejoignentunjourvouslesconnaîtrezaussibienquemoietdon
cmieuxquaminasivousdevenezvraimentlotoisquandmonfilsseralào
nvamarchertumavaisdéjàpromisçaen2010ilaétéavecnousdurantuna
netonnarienfaitencoredesreprochesjustelaréalitémêmedevantdesin
vitésnouspouvionséviterdenousdisputeruncoupleseformelautrea
gonisejaisimplementpenséçasepassecommentpouracheterunemais
onpropriétairenotairecentcinquantehabitantsseulementauvillagema
isunnotairedonclaventeseffectuerasûrementchezluisaufsilepropriét
aireesttrèsfâchéaveccenotableparfoispeuscrupuleuxsurlanécessaire
honnêtetédesachargejeleurracontaislamanièredontilavaitessayéde
marnaquerprèsdetroiscentseurosdesfrancsàlépoquedeuxmillelapre
mièrefoisquenousyétionspassésaminaetmoijavaisphotographiélenu
méronotésouspropriétaireachatsansintermédiaireilrestaitlisiblekad
erlappelaimmédiatement180000euroslécrivainkaderternsnediscuta
paslaprixilétaitpressédevaitretourneràparispourenregistreruneémis
sionsurcanal+ildevraitdéjàêtredansletrainprendraituntaxicarilétaitt
ombéamoureuxducoinlenotairefutplusdifficileàconvaincreilfalluta

46

jouterlapromesseduneenveloppeavecdixbilletsdecenteurosquilallai
mmédiatementluiremettrecefurentquelquesminutessurréalistesqua
ndkaderouvritlapochetteavantdesasacochegonfléedebilletsluienco
mptantdixlevieilhommefutmanifestementépoustoufléduntelgainsir
apidemaisriennestgratuitileutdroitàunchoccompensateuronestokje
plaisantepasdanscegenredebisnessaucuneentourloupetutoccupesde
toutsinonjetemetstroisballesàlamartiniquaiselapremièredansletibia
ladeuxièmedanslescouillesetlatroisièmedanslagorgeetcommesilne
sétaitpasaperçudesontroubleilluitapasurlépaulenadègeessayadelera
ssurerensouriantprécisantvoussaveznousvenonsdelabanlieueoùles
gensseparlentcommeçamaiskaderesttrèsgentilcestjustequequandilp
ayeilveutqueleschosessoientbienfaitesjeluisouhaitaispolimentuneb
onnesoiréeaminaetnadègeenfirentdemêmeluidonnantégalementdu
maîtrenousnétionsquàtroispasquandkaderajoutailalairsympalevieu
xmaisilferapasdevieuxosçasevoitdanssesyeuxcertesdanssoncharab
ialesmotsnefurentpasforcémentcompréhensiblespournotrepremier
adjointaumaireeffectivementilavaitlœillenotairenapasconnu2013c
efutmêmeladernièresortieofficielleduconseillergénéralavantsaprop
redescenteenterreenquelquesmoisleclanoffritdenombreusesopport
unitésdepromotionsauxfutéslancésdanslacarrière

vchambredamis

aprèslappelaupropriétaireetlepassagechezlenotairelaprisederendez
vouspourlelendemainkadersestimposéalorscesoirondortcheztoiouo
nsetrouveunhôtelaminanaturellementjouelafemmeenchantéedelapr
ésencedemesamismaisellenariendeprêtkadergentlemannousinvitea
urestaurantcefutunesoiréetrèsagréableaminamaîtrisevraimentlartde
laconversationlartdeteniruneconversationlarelancerlartdesbanalité
selleauraitpudevenirunetrèsbonnedéputéelanguedeboisenfrancema
iségalementàdjiboutioùparaîtilleposteluifutproposéparaîtilsesmots
jelesaismaintenantnontpastoujourslesensdudictionnaireouielleaura
itpuprétendreaurôledeladiversitévisibleduradicalismeauprgelleleti
endrapeutêtreunjourcestmêmeellequiinsistapourquilsdormentchez
nousquandkaderpassantdevantunhôtelàmontcuqconsidéraquefinal
ementceseraitdrôleetgénialquilsnallaientpasnousdérangermaisnonl
habitationestconstituéedetroismaisonsausensdudixhuitièmesièclee
tdanslunesesituenotrechambredamisnaturellementdesportesontété
percéesdepuislongtempslartdemagnifierlaréalité

vinadègeetkaderpropriétaires

nousnousretrouvâmeschezlenotairelelendemainà10heuresouiundi
mancheilnousattendaitavecsonfilségalemententrédanslacarrièrema
istoujoursdansuneautreétudeàcahorsfautedobtenirlasuccessionleno
tairecrutbondepréciserçafaitdixansqueçanemétaitpasarrivéleprotoc
oledaccordfutsignémaiskaderpayalensembleimmédiatementmême
sicommelesouhaitaitnadègelamaisonleurappartenaitmoitiémoitiéo
nsarrangeraouiilpossédaitunetellesommesursoncomptecourantmo
nàvaloirlepropriétairefutébahiderecevoiruneenveloppepourledéran
gementdudimanchemoiégalementlenotaireappréciamodérémentleq
uantàtoionnepeutpasgagneraulotolesamedietledimanchemaisilsorti
tdesapochedeuxbilletslestenditaufilsquieutleréflexeprofessionneld
elesrefuseràsongrandétonnementkadernelesdéposapassursonburea
uilmelesdonnajepoussaislamalicejusquàbalancerjelesgardepourlac
hatdemaprochainemaisonsubtilitéincompréhensiblepourkadermê
meaprèsexplicationsdurantleretouraubercailquandellelappritamina
souhaitaquejeluirestituelensembledelargentsalecestharamlebilletde
lotoaveccinqbonsnuméroselleenavaitpourtantétéenchantéemêmesi
lejeucestharammaistunaspasjouéencorecedimanchelàcommepourl
esalaireelledistinguaitunedifférencetunesavaispasquecétaitdelarge
ntharamquandtulasacceptéfinalementplacésdansuneenveloppeàbul
lesprotégéedansuneboîteenferplatecesbilletsatterrirentderrièreunep
ierredanslavieillegrangeellerefusalidéedelacavejemétaisretenupou
vaitelleimaginerquemalgrétantdinsultesencorerégulièrementbalanc
éesjeluienépargnaisbiensouventcommeenultimérépliqueunetbaiser
aveccarlocenétaitpasharamlepropriétairerassuréparlenotaireausujet
dupaiementquitransiteraitparsoncomptenavaitsoulevéaucunobstacl
eàleurinstallationimmédiateilleurremitlesclésdevanttémoinsondev
aitserevoiraprèsle26avrilpourlasignaturedelactedéfinitifonkaderins
istaitjétaissacautionlocale

viiuncouplesinterroge

cedimanchesoirlàavecaminapeutêtreleffetdecettemarcheceweeken dàquatrenousavonsparlédenotrecoupleàsoninitiativeendébutantpar lhabituelpourquoialorsquonsaimetantonatellementdedifficultésàvi vreensemblenousavonseulimpressiondedialoguermaissûrementco mmemoilessentielellelagardéaufonddelleetnousavonsfaitlamourpu isellesestendormieaprèsmavoirreprochéquelonnesesoitpascontenté sdecauserenlacésquilaitfalluquejealorsquelletravaillaitlelendemain etjaipenséjaiunenouvellefoistoutretournédansmatêtelesentimenta moureuxdegrandamourjelaiconnuquandelleestvenueicipourlaprem ièrefoisdurantlesvacancesscolairesdoctobre2008javaisrencontrélaf emmetantespéréemaisleweekendsuivantalorsquesonmariétaitrepar tienéthiopieaprèsdixjoursauchaletavecleurfilsdunephraseensixmot selleabrisélharmonieouiensixmotsellenecomprendrajamaisavoirto utdétruitdèslorstoutcequejaipuressentirdamouroudattachementsest situésouslecouperetdesonilfautquetudeviennesmusulmanetsielleas ouhaitévivreavecmoiensachantquejenétaispasmusulmansiparfoisel lesembleacceppermaqualitédathéejurantmêmequellenenparleraplus illuisuffitdéchangerunmailavecsonfrèreparleravecsamèreousakage rapourreveniràlachargeestcetenableçasertàquoitoutçamaisilyanosc orpsnoscorpscettesensationdebienêtreinaccessibleautrementcétaitc equejattendaisduncouplemaisleprixàpayeresttropélevévivredanslin sécuritésensuelleperpétuellenemeconvientpaslàaprèsavoirfaitlamo urjauraisdûmendormirmirravietnotrevrailienilestvraimentdisparucequ onappelaitnotreunionspirituellenotretransmissiondepenséesdémoti onsouicétaitplusfortencorequenoscorpscertesmoiégalementjailutté contrecettetransmissiondepenséesquitecatapultaitdansmapoitrinete permettaitdemeressentirdanstonventreçajenepourraijamaistelexpli quersinontuvasjubilertesentirexonéréedetoutprétendrequetuasfaitt outestessaletéscaraufonddetoituasbiensentiquejeterepoussaisalors quejevoulaisjustetépargnermalassitudedetesilfautquetudeviennes musulmanettuasluttécontrecelatoicontretesaffreuxmauxdeventrede septembre2009àavril2010quandtucédasquasimentdèstonarrivéesit umavaistéléphonéenpleursenmexpliquantquilavaitprofitédetonétat quelquesheuresaprèstonintoxicationaumonoxydedecarbonejaurais

50

eumaltrèsmalmaisnousaurionssauvénotrecoupleetmaintenantouim

aintenantencoreilmerestetonjenevoulaispasmaisjemesuislaisséefai

reilétaittoujourstonmarisurlespapiersilaessayédereprendresafemm

etucomprendsmaistuluiasexpliquéquetumaimaistumelécrivaisçaoh

ouietilacompristumelascachécefutunsecretunhorriblesecretverbale

ntrenousmaisjelairessenticecauchemaroùjetevoisbaiséesurunetable

etfinalementtucoursversmoietcefutlàledébutdecequiauraitdûconsti

tuerlemotfintonorgueiltayantempêchéedemetéléphonerenpleursjes

avaisbienquesijetavouaistumauraisdemandéderevenirenfrancetuas

crupouvoirtricheretcontinuercommesilnesétaitrienpassétuascrupou

voirfairelaputeetcontinueràresterlasaintemaiscelienmerveilleuxco

mmenouslécrivionsencoremavaittoutbalancéàlagueuleaucœurauce

rveauilafallutellementdecrispourquetuavouesettellementdetusaisto

utquecesoirlàencoreenéjaculantsitusavaisjaipensésaleputaincenest

paslamourcenestplusdelamourcenestpaslasexualitéquisoudenotrec

ouplemaislasensualité;cettefusiondenoscorpsquetunimaginaispasp

ossiblequiteretientquitefaittoutsupportermêmelespiresinsultesquet

uasméritéesmaislasexualitécelledonttupourraistepasserlapénétratio

nqueturegrettesparfoisquandtuvoudraisquejapprécienoscorpsserrés

ohouiquejappréciecestsuffisantlasexualitéquetunepeuxpasvraimen

tconnaîtreàcausedecettemauditeexcisioncettemutilationtudéconsei

llesàtesfrèresetsœursdelapratiquersurleursfillesenleurexpliquantqu

ilnesagitpasduneobligationmusulmanemaisdunetraditioncetteexcis

ioncenséeéviterauxfemmesdedevenirdesfemellesenchaleurcommel

eseuropéennescetteexcisionquipermetàlhommedesassurerquilestle

premierplusjeteregardenueetplussoneffetaphrodisiaquemetrouble

maisceprincipedelafemmemutiléetrèsexcitantenepeutfonctionnerq

uavecunesoumissiontotalecommetumelerésumaislorsdenospremiè

resjournéesdamourcesjoursoùjarrivaischeztoiaveclacertitudedeviv

redesheuresmerveilleusesencoreaprèsoctobre2008malgréquelquesi

névitablesinstantsderappelsdugrandproblèmeunefemmemusulman

eesttoujoursdisponiblepoursonmarituprécisaisnéanmoinsquilsedev

aitdeluifaireplaisirenluiachetantdesbijouxdesparfumsmaiscompren

aisquejenenaiepaslesmoyensouiaminajaimeraispouvoirteparlerco

mmeçaenvraipasseulementdansmatêtesituavaisréaccepténotremer

veilleuxlienlàilteréveilleraitouiaminacettefusiondenoscorpsdenosc

œursdenosémotionsdenosrêvesaexistéetcontrairementàtoncarlojen
aijamaismontréniressentidemécontentementfaceàtesabsencesdorga
smesjaitoujourssuressentirattendredéclencherlesvibrationsdetonco
rpsceplaisirquinestpeutêtrepasdelorgasmemaistapporteuneimmens
esatisfactionquandtuesdaccordpourlaccepterquandilnetefaitpaspeu
rparcequejesuisleseulàtelavoirapportémêmeaprèstadécouvertedece
témerveillementpossibleouituascherchéçaégalementavecceconnar
douijelecomprendsmaisjeneveuxpluslentendretontuesleseulquisac
hemefairelamourmaisouisinoscorpsfusionnentainsicestparcequejef
aisréellementattentionautienetquetuesdanslamourquandtuesrevenu
eendécembre2009avecdanstonordinateurlerésultatdetontestvihave
centoicettetrahisonimbécileetindicibleouijemesouvienstrèsbienque
noscorpsontéprouvédegrandesdifficultéscartuétaisdanslaculpabilit
éetjeressentaisunprofondmalaisetumastrompéetmêmesijetetrompa
isàmontourjenetelepardonneraisjamaistuasbrisélatotaleconfianceq
uejavaisentoicettepuretéàlaquellejetassociaismalgrétessixmotsjava
islespoirderéussiràtepermettrededépassercetendoctrinementjepens
aisavoirletempsjepensaisletempsavecnousouitufiniraisparvenircarj
etemanqueraistropouijavaisunetotaleconfianceentoijenaipasvoulur
ecourirauchantagenousvivonsensembleoujetequittecarjenauraispas
supportédetavoirquittéealorsquilsuffisaitdattendrejecroyaisquilsuff
isaitdattendreilnepouvaitrienarriveretàforcedevivreenfrancetutéloi
gneraisdecesvieillestraditionsjentendaissarespirationjaieuenviedel
uifairelamourmaisjesavaisquilnefallaitsurtoutpaslaréveillerquelles
eseraitfâchéejetravailledemaincequiétaitcompréhensiblemaissuivi
deetonladéjàfaitjemesuismasturbéenpensantànadège

52

viiivoisins

ilsvécurentquatrejoursicinypassèrentquelesnuitslemercredisoirilse
mménageaientunepiècechaufféecuisinesalleàmangersalonchambre
unedizainedemètrescarrésdanslespacequutilisaitdéjàlancienproprié
taireenétédoncsanschauffagelemardijavaisparticipéàlaposedunefen
êtrelàoùnousnousétionsfaufilésdurantnotrevisitecestsurtoutmarcel
quilavaitinstalléeniveautravauxjenaiguèreprogresséilsnousinvitère
ntaminafuttrèsaimabledurantleretouriltauraitfallusixmoispouramé
nagerunepiècecommeçaméponsepourunefoisluicloualebecavecla
rgentdeladroguetuvoisonenfaitdeschosestudevraistymettreelleavait
redoutéunecohabitationpluslongueprésencequilobligeaitàrevenirch
aquesoirdeprayssaccefurentensuitedesrelationsdebonvoisinagemai
sbaisernadègedevintuneobsessionbaisernadègejustelabaiserquami
nasoitcocueàsontourcarmêmesicestdelhistoireanciennedavantquen
ousnousinstallionsensemblecétaittoujourslàaufonddelagorgeundég
oûtpeutêtrequebaisernadègejustelabaisermeguérirafairepayeràami
nasonpasséfairepayeràkaderdemerabaisseraurangdenègrebaisernad
ègemalgrélarapidemiseengardedekadersituosescontestersabeautéje
téclatelacervellemaissitularegardesunpeutropjetenvoieunepelletéd
ebétonsurlatronchejesaisellesepromènepresqueseinsnusetenminiju
peavecrienendessousmaiselleestpersuadéepourlavoirludansunhoue
llebecqquenespagnetouteslesfemmesenfontdemêmeetcommeicices
tunpeulespagnemaislepremierquiladraguebétonsurlatroncheavecm
êmeunesurdosedechauxmaisjétaisbienplacépoursavoirquuncocune
senaperçoitjamaismêmequandlalectureattentivedesmailsauraitsuffi
àcomprendrequelescauchemarsexprimaientlaréalitédubétondesabe
llebétonnièreprofessionnelleillavaitégalementrachetéeàlancienpro
priétairejaipréférénepasluiapprendrequillavaitpayéepluscherquune
neuveetenliquidenaturellementjétaislàquandlatransactionsétaitcon
clueaufaittouscestravauxquejaientreprispourlescontinuerilvavousf
alloirunebonnebétonnièrenachetezpasunedecespetitesmachineséle
ctriquesdesupermarchésellesnetiennentpassixsemainesavecdevrais
travauxsivouslevoulezjevouscèdelamienne350litresvérinhydrauliq
uemotorisationàlessenceletopdutopjedisjamaisnonàuncadeaucéder
cestàunprixcadeaumaispasuncadeauquandmêmejaiunepetiteretrait

ejevouslalaisseà2000eurosjecomptaislamettreenventesurlesannonc
esgratuitesdunetà2500elleseraitpartieendeuxjoursàceprixlàcestdus
olidedelallemandeetjamaisellenesestretournéemêmeunefoisunepo
utresestprisededanselleacontinuéàtournerjevousdéconseilledessay
ercarunepoutrequitournedansunebétonnièreçavousenvolelatêteco
mmesivouspassiezsousleurséoliennesmaisentreamisjevouslalaisse
à2000siçavousintéressecédercheznouscestcadeauonsecèdeunefem
meunevoitureicilesvoituresetlesbétonnièresonlesachèteetonlesreve
ndouonlesusequantauxfemmesellesnoususentleplussouventetcom
mechantaitjacquesbrelpascellesquonpayeavantmaisaprèsjesuisunv
ieuxcélibataireendurciunpeumisanthropemaisrevenonsànotreaffair
eellevousintéresseokjevaistechercher2000ettumelamènestoutdesui
temarchéconcluetcommepourlamaisonnousavonsnotretémoindebo
nnemoralitérecetteduvoisinmarcellevieuxmarcelunsacetdemideci
mentquarantecinqpellesdemélangesablegravieretdeuxpellesdechau
xpourmieuxlierlensemblequantàleautoutdépenddecequelonveutjad
orefairedubétonjecroisquejevaisbétonnertoutecettevalléesouvienst
oiquetuesbétonetquunjourturetournerasaubétonjairepenséàcequetu
masdithiersurcetamourbétonquetucroyaisavoirtrouvéen2008etquin
étaitquunamourgravillonsçafaitréfléchircegenredephrasenadègeest
prévenuequesiellemetrompejelatueilfaudraittoujoursdireçaauxfem
mestuvoissitulavaisprévenueçalauraitretenueloinducœuretloindesy
euxléthiopieestrempliedequeuesmaisjamaisjenauraisimaginéquell
epuissemetromperrienquunevisitechezungynécologueelleavaitlim
pressiondesubirfunoutragemêmeaulacdemontcuqellenemontraitja
maissoncorpsellemavaittellementconvaincuquepl900personnedautr
equemoinelatoucheraitquejenecroyaismêmepasauxcauchemarsqui
melareprésentaientavecdautresmecsentoutcasnadègeetmoicestuna
mourbéton

ixlavraieviedansle93

lavéritablehistoiredelavraieviedansle93personnenelaconnaîtjenena
ipasécritunelignefatimadanslequartiertoutlemondelacroitfollemais
quandjavais6anssaportedéjàétaittoujoursouvertejemasseyaissurson
canapéetjelaregardaistaperàlamachineàécriredurantdesheuresellen
emajamaisluunmotdecequelleécrivaitellehabitetoujoursauhuitième
étagemamèreaudouzièmejevoulaisluiacheterunepetitemaisondansu
nbeauquartiermaisellepréfèreresterlàellemerépondquonnedéterrep
asunvieuxchênepourtantelleamêmepassoixanteansetjamaismalade
quandjesuissortiedecheznadègeaveclobligationderapidementdeven
irnumérounchezmonsieurkindlejetavouequejenavaispaslamoindrei
déedelamanièredyparveniralorsjesuisremontétoutdoucementchez
mamèreouaismecmalgrétoutcequonpourrabaversurmoijesuisunbon
filsjamaisellenamanquéderienmamèredepuisquejairéussietellenaja
maismanquédemaprésencenonplussaufcettemauditequinzainederri
èrelesbarreauxjenaijamaisétéplusdetroisjourssanslavoirdèsquejesu
isdansle93etcestauhuitièmequelebruitdelamachineàécriremestparv
enusielleétaitpasséeàlordinateurpeutêtrequonnesseseraitjamaisconn
ustéphsaportéétaitouvertecommeencetempslànaturellementellenes
estpasretournéequandjemesuisinstallédanslecanapéjemesouvenais
quilnefautpaslinterromprefautlalaissertaperetauboutdunmomentell
ecommenceàteparlergamInçamintriguaitcommentrienquausondesp
aselledevinaitquecétaitmoijelacroyaismagiciennemaintenantonne
melafaitplusjaitoutdesuiteremarquésonpetitmiroirplanquédansuncr
euxdesesrideauxjailœildésormaistusaisàtoutescespetiteschoseskad
erenchairetenoscestpaspossiblequetutesouviennesdetavieilleamief
atimajaibesoindetonaidemonaidejeladonnequandjeveuxmaisjenes
uisàladispositiondepersonnejesuisunhommemaintenantjesaisqueto
uttravailméritesalairejaibesoindunefemmedeconfiancequitaperaàla
machinemonhistoirejesuistropcherpourtoikadertonprixseralemienc
inquanteeurosdelheureetjécristoutcequetumedictesçapassedetabou
cheàmesdoigtssanstraversermoncerveauunemanièredetedirequetup
euxtoutraconteretquejenesauraijamaisrienjenairienentendujenairie
nlujenairienécritonyvapayabledavanceetenliquidemêmedoncpasbe
soindajouterlatvatuconnaislafrancemonkaderaprèshuitjoursjavaist

outdéballénaturellementjeluiaioffertuneprimeàfatimaellemaprispo
urunenvoyédubondieuquiluipermettaitdepayersesdettesellenestpas
musulmanenichrétienneniprotestantepasmêmejuivemaistémoindej
éhovahjenepourraispastexpliquerladifférenceellecroitquilnyaquun
dieuetquecestlemêmequeceluidesautresquantàjésusetallahcesontde
simposteursjetedisçasiçatintéressetupourraslapprendreàtonaminab
refquandellemarendumontextejétaisfoudejoieaupointdelemontrerà
anaïselleaéclatéderireellemaprétenduquecenétaitpasdufrançaismai
selleaajoutésituveuxjetetraduisenfrançaisforcémentelleignoraitque
monbutétaitdebaisersarivaleelleavaitcomprisquejetournaisautourd
enadègelesfemmesontlinstinctpourceshistoiresjeluiaisimplementm
ontréamazonkindlepublishingetellesestoccupéedetoutgénialelaga
mineelleauraitjustevouluquejeluisoisfidèlejetavouenepaslavoirlum
onlivretudoismaintenantsûrementsavoirquetunespasleseuldanscec
ascertainsapprennentquandmêmedesfichesàdistillerauxmédiastoia
umoinstuconnaissaislesujet

xanaïs

javaislidéequanaïsécriraitcettefoistotalementmesmémoirescétaitlo
giquemaiscenefutpaspossiblepauvreanaïsquelchocdeperdreunenan
acommeçaonsesouvientdetoutaucrématoriumcestvraiquelamortjel
aconnaismaismêmeadamdontjavaisvulecorpscomplètementdéglin
guéaprèsseshuittonneauxadammongrandfrèremonmodèlepourquij
aicommencédansleboulotdansmonrôledesentinelleçanemavaitpasr
emuéàcepointcausélesmêmesangoissestoutmestrepasséentêtelapre
mièrefoiselleavaitfêtésesdouzeanslaveilleetpourlapremièrefoisrent
raitseuleducollège;jétaiscommesouventledosaccoléàlaportedelaca
vejefumaisunjointtranquilleelleestpasséeetcefutinstinctiflinstinctd
uchasseurquisejettesurlaproielebrasgauchesoussesjamblesledroitso
ussoncouetlamainquilempêchedecrierellesestàpeinedébattueellena
paspleurémaisjusteaprèsquandjelaiaidéeàserelevereenluisouriantav
ecdesmotsgentilsjespèrequetutensouviendrastoutetaviejespèrequec
étaitaussibonpourtoiquepourmoijamaisunefillemafaitceteffettusais
jetekiffegravedepuisdesannéesmaistuvoisjaisuattendrequetusoisgr
andeellemaenvoyébienplacélepiredescoupsdepiedquejamaisperson
nenavaitoséquelleforcechezcettegaminejenesuispastombéjaimême
réagiengentlemanetcestsûrementcequianouélagrandecomplicitéqu
enousavonsvécuedurantlestroisannéessuivantesjelaipeutêtremérité
maintenantentretoietmoiceneseraquedouceurjaipassélemotpersonn
enedevaitlatouchernilembêterlelendemainjeluiaioffertunmagnifiqu
ebraceletenorquejavaisachetéenplusjenavaispasàsatailleenstockell
enemapasremerciétucroisquecestsuffisantpourcequetuasfaitvoilàcé
taitgagnéjesavaiscommentsignerlapaixtoutsachètetusaisalorselleae
udroitaucollieretauxbouclesdoreilleselleasourionlarefaitlesmeufsil
suffitdymettreleprixsanslesvexerelleavécudesannéescommepasune
gaminenepeutenespérerdanslacitémêmesonsacdécoleyavaittoujour
squelquunpourluiporteruneruptured anévrismeselonsamèreellefuts
urprisedemaprésenceauprèsdelafamillecestàdireàsescôtésjelaiinvit
éeaurestaurantelleatropbeaucouptropbuellenetenaitpresqueplussur
sesjambesquandjelairaccompagnéemaiscestuntrucquejedéconseill
edebaiserlamèrequandonvientdassisteràlacrémationdelafille

57

xistéphaneternoise

javaistouché150000eurosdamazonmonpremiervraisalairejenepouv
aisquandmêmepaslesrendreenexpliquantquemacorrectriceétaitmor
teduneruptruredanévrismepourlapremièrefoisdemaviejaicruquilexi
staitunproblèmesanssolutionmaisçanapasduréjaitapééçrivainsurgo
ogleetdécouvertuncertainstéphaneternoisejaitoutdesuitepigésesdiff
icultésfinancièresmalgréuncataloguequilmefaudraitdouzeviespour
réussiràlelirerienqueletitrevirévirévirémêmevirédurmiçaveuttoutdi
redansternoiseilyaternsçanepeutpasêtreunhasardquesonsiteecrivai
nprosoitenpremièrepageceseraluimonnègretuasétédifficileàconvai
ncreavecteshistoiresdevraicontrattesunmecbizarrecommejauraisja
maiscruquilpouvaitenexisterunmecsanstéléunmecquilitdesbouquin
squiécritquicroitvraimentquecestimportanticionteconsidèrecomme
unmarginaltuvoislesinfoscirculentvitelabergèreelleapaslairdetaime
rparexemplequetuvivesavecuneblackcestlacerisesurlegâteaucomm
eilsbaventlemélangedescouleurstusaisonneconnaîtqueçadansle93e
tpourtanttunesnicommeeuxnicommenoustesdelaplanètemarscom
meditnadègeetelledesaturnetulatrouvesbizarretoiaussinoncétaitjust
euneréponsecommeçamarssaturneahokhumourdintellosmaisentren
ousheureusementquejelachangenadègejenfaiscequejeveuxcarellea
desidéesétrangesjecroisquellealutropdelivresjepréféreraisquellereg
ardelessériesaméricainespourlesfemmescestmieuxçadoitêtrelalect
urequivousrendcommeçaunpeudéconnectésdelavraievietusaislavie
çanarienàvoiraveccequelontrouvedanslesbouquinsehouijaimêmecr
ééleconceptdesérénamouramoursereinenaspirationssimilairesetapr
èslavoirlusurinternetaminafutpersuadéemêmeavantdemerencontre
rquejétaislhommequelleattendaitdepuistoujoursetcestgrâceàcelivre
sûrementsinospremièressemainesfurentparfaitesdulivreauxlèvresil
nyaparfoisquecentquarantekilomètresmaispourlequotidientuassûre
mentraisonpeutêtrequejefiniraicommetonancienpropriétaireunvieu
xcélibataireseuletchauvemaispénardmisanthropejepourraispassijer
estetroisjourssansbaiserjepèteuncâbledoncjeneseraisjamaismisenta
upelestaupinièrescestpaspourmoi

58

xiitriomphelittéraire

combiendamisoudassistantsdévouéssontnécessairespourmanipuler
lesclassementsdesmeilleuresventessurlesplateformesnumériquesil
nesagitmêmepasdesimmoralesfaussescritiqueschargéesdencenseru
nnavetcommelesprofessionnelsfontsemblantdendécouvrirlexistenc
eseptembre2012resteraunegrandedatepourlescritiqueslittérairesqui
àpeudefraisontredoréleurblasonenfinilslepensentilyeutdabordlachu
tedetoddrutherfordaprèsrévélationsparlenewyorktimesdesonbusine
ssplanpourtantpublicettrèslucratifsastartupgettingbookreviewscom
proposaitdesprestationsauxécrivainslarédactiondecritiquespositive
silvendaitdespacksdevingtoucinquantebonnescritiqueslepetitmalin
seseraitainsioctroyéjusquà28000dollarsdesalairemensuelgrâceaure
crutementdepigistespeurémunérésgooglefermasoncompteetamazo
nsupprimaunepartiedes4531louangesrépertoriéestoddrutherfordses
trapidementlancésurunautrecréneaulaventedecampingcarsmaisréfl
échiraitàunretourauservicedelalittératurequantàlauteurbritannique
deromanspoliciersrjelloryquasiinconnuenfranceilsestfaitprendreles
doigtsdanslepotdeconfitureavouantfinalementseglorifiersuramazo
nviapseudosnaturellementilenprofitaitmêmepourdescendresèchem
entsesconcurrentsjeremydunslundessescollèguesaprétendusurunfo
rumquellorysecachaitderrièrelespseudonymesjellybeannicodemusj
onesettoutsenchaînalefraudeuryagagnéunebonnepublicitécarquito
mbevraimentdesnuesilasimplementappliquéenledétournantlégère
mentlesystèmeducopinageoudurenvoidascenseurquiprévautdansla
critiquelittéraireclassiquecenestcertespeutêtrepastrèssportifdepréte
ndreencommentairequelonestlundesplustalentueuxauteursdaujour
dhuimaisestceplushonorablequandonexercelaprofessiondecritique
dungrandmédiadencenserlescollèguesécrivainspubliéschezlemême
éditeurquieuxsempressentaveccleurcasquettechroniqueurderenvoye
rcecherascenseurnonçanesepassepasainsicétaitavantjemesouviense
tjeretrouvedanslalittératuresansestomacdepierrejourdecertainsorga
neslittérairesontuneresponsabilitédanslamédiocritédelaproductionl
ittérairecontemporaineonpourraitattendredescritiquesetdesjournali
stesquilstententsinondedénoncerlafabricationdersatzdécrivainsdu
moinsdedéfendredevraisauteursnonquecelanarrivepasmaislacritiqu

59

edebonnefoiestnoyéedansleflotdelacritiquedecomplaisanceonconn
aîtcettespécialitéfrançaisequicontinueàétonnerlaprobitéanglosaxon
neceuxquiparlentdeslivressontaussiceuxquilesécriventetquilespubl
ientlamédiocritédelaproductionlittérairecontemporainefaceàcelafr
ançoisbusnelpartauxetatsunisinterrogerlesderniersfouslesdescenda
ntsdesbalzachugoetracontecequiestintéressantcestdalleràlarencontr
edesderniersgrandsfousquisontlesfousgéniauxsionavaitpuallerrenc
ontrerau19emesièclebaudelaireflaubertgérarddenervallamartinevic
torhugobalzacvouspensezquelonauraiteuaffaireàdesgensnormaux
maispasdutoutcesontdesgrandsfousmaiscestdesfousgéniauxcestcq
uonappellelesfouslittérairesetalorsauxetatsunisilsepassequelquech
osedassezincroyablecestquelécrivainnapasdestatutsocialcestàdireil
nestpascommeàsaintgermaindesprésentraindedonnersonavissurtou
tdeboiredescoupspoursefaireremarquerparlapresseetparlesgensilsi
gnepasdautographesaucontraireilnaaucunegodoncilsenfoncedansc
etteespècedefoliequiestcréatriceducoupquidevientunefoliecréatrice
régénérantecestçaquiestabsolumentextraordinaireaveceuxdoncone
staucœurduprocessusdecréationfairelepitremédiatiqueseraitdoncun
statutsocialenfrancesurlemêmesujetinterviewdalainbeuvemérypeti
tfilsdufondateurdumondehubertquicouvrelesecteurdeléditionpourl
ejournallemondedepuis5ansau8octobre2011réaliséeparfkdetahitiin
foscomàloccasiondusalonlireenpolynésieavezvouslulundesouvrag
eséditéslocalementcesttrèsfraismaisjeviensdelireledernierchantals
pitzellesterredenfanceromanàdeuxencresonestenpleinerentréelittér
aireenmétropolecelivrepourraitilpercercestunlivrequiméritedêtreéd
itéassurémentmaisvouslesavezsûremententre600et700romansparai
ssententrele25aoûtetle15octobrechaqueannéetoutdépenddoncbeau
coupdelamaisondéditiondanslaquellevousêteséditéetdutravailfaite
namontparlesattachésdepresseauprèsdesjournalistesetdesjuréslittér
aireschantalspitzestunfrêleesquifaumilieudenombreuxbateauxmais
pourquoipassonlivrepourraitoudevraittrouverunpublicenfrancejesp
èrepouvoirenparleravecelleausaloncesttrèsintéressantderencontrer
devraisécrivainstrèsdifférentsdeceuxquonalhabitudedelireenfrance
jemesouviensetjeretrouvedanslecartonlemondejustementunarticlec
ertesanciendu9mars2007unsoutienauxlibrairesoùbaptistemarreyno
téécrivainnhésitaitmêmepasàreconnaîtrelesgrandsgroupespublient

distribuentvendentetfontcommenterfavorablementlestitresquilspro
duisentnormalilpubliaitdanslemondenormalcesttellementbanalentr
édanslinconscientcollectifquilspeuventlereconnaîtreaudétourdune
phrasesanssusciterdindignationsansmêmeserendrecomptedelénor
mitédelaveuquilesdiscréditeplusquenoscommentairesmaisilsconti
nuentcontinuerontsûrementtantqueleurspublicationssécoulerontqu
antauphilippeforestécrivainbelexempleen2012decritiquedéontolog
iqueaurisibleilajoutelasuprêmemoraleenencensantlicôneangotaprè
slerachatdeflammarionpargallimardpfpubliantdésormaischezleplu
sprestigieuxdeséditeurssûrementnormalquandonpeutseprévaloirde
signerdanslemondedeslivresmêmesijenedoutepasdelaqualitédesapl
umenettementsupérieureàcelledanaïsetflammarionayantlegrandbo
nheurdecompterdanssonécurielesrégimesdukanetmademoiselleou
madameangotcommeilluiplairajenerésistepasauplaisirdereprendrel
aremarquablequiseremarqueanalysedephilippeforestécrivainàjuste
titreonditsouventdunvrairomanquilestirrésumablecarenrendrecom
ptesousuneformeautrequecellequesonauteurachoisierevientprécisé
mentàdéfairecequeceluiciavoulufairecestparticulièrementlecasave
clenouveaulivredechristineangotouidisonslesimplementphilippefo
restécrivainadébutésacarrièreparunphilippesollersauseuilen1992ph
ilippesollershistoriqueicônedumondedeslivresunegrandefamilleahl
arévolutionnumériqueilfaudraitquellebalayeégalementcesgenslàco
mmelespolitiquesgenremalvyfilippettietcompagnietousmêmesilsc
onnaissentparfaitementetdéplorentdurantleursheuresdeluciditélesd
érivesdusystèmelepréfèrentàunerévolutionquipourraitquidevraitles
emporterjaisûrementeutortdexposermesenviesraisonnementsconce
ptionsrévolutionnairesmaiscestunerévolutiontellementmoralejuste
dignehonnêtequelleauraitdûsusciteruneadhésionimmédiatechezles
écrivainscestoublierlecélèbreuntiensvautmieuxquedeuxtulaurasoui
lesécrivainssontdespetitsenfantsquilfautprendreparlamainoudevie
uxmessieursfrileuxquecesselexploitationdescréateursparlesmarcha
ndsnousaurionspunousentendresurceminimumrevendicatifouijesui
ssûrementgrillépartoutunrévolutionnairenintéressequecinquantean
saprèssamortçayestcommestendhalmevlaenpositiondeneplusespér
erquunereconnaissanceposthumedonclhommedespritdoitsapplique
ràacquérircequiluieststrictementnécessairepournedépendredeperso

nnesimamémoireestbonneentoutcasleconstatnemaccordepastrentes
ixcheminsjedoisvivredepeumedébrouilleravecdesboutsdeficellesd
oncaminaestdevenueunpoidsunecontrainteinsupportableonpayetou
joursssesmomentsdejouissancesfinalementleplaisirsolitaireestleplu
sapproprié à lécrivainindépendanten2012décidémentpeuimportentl
escheminsquimamènentàpenseràellelamêmeconclusionsimposeon
nefaitpassavieavecunefemmequinestpasà100% danssoncoupleouit
umerépondraisyêtremaistamèremaiskageramaistesfrèrestessœursta
religiontonfilstesamistonbesoinrégulierdejubilerquandremontelen
onassumélesfaussescritiquessontutilesmaislavictoiresestgagnéeave
clesfauxachatscequinestpasnouveaujemesouviensdecettehistoireav
ouéebienplustardparlesprotagonistessanssouleverdindignationqua
ndquelquesdisquairesservaientderéférencepourleclassementdesven
tesdevinylesdansnotrepayscertainsnhésitaientpasàacheterleurpoula
inennombreunbonplanpoureuxcommepourledisquairecombiengag
neamazongrâceauxachatsdontleseulbutestdefairemonterlœuvredun
amiouparentunedizainedevraispoteschargésdescritiquesdelecteurs
cestnettementsuffisantcinqclicsrapidessurnonàavezvoustrouvécec
ommentaireutileetildisparaîtdanslesprofondeursinvisibleslesaleme
ssageduclientdéçulamoyennedesnotesdoitdépasser4sur5touteréacti
onavecmoinsdequatreétoilesserasystématiquementmarginaliséejai
achetécelivreenmebasantsurlesavisélogieuxpourmoicestunfloplesu
jetestquelconqueaucunstylesyntaxeetgrammaireàrevoircassetoisale
proftunevaspasmegonflerpourtes99centimestuaseutapartderêvecel
uidedécouvrirkadercegenredetechniquesedéclinedésormaisensited
electeursaveclesauteurséditeursparticulièrementcibléslauteurintére
sséestpriéderembourserauxacheteursplusuneforteommissionpourl
esitelesdépensesdecescritiquesbénévolescesachatsrembourssésdoiv
entpermettreaulivredemonterdanslesclassementssefaireremarquerg
énérerdevéritablesventespratiquescandaleusequanddansuncatalogu
ecarrefourouleclercfigureunproduitpremierachatremboursé il sagitb
ienégalementpourlamarquedacquérirdelavisibiliténaturellementda
nscegenredemarketinglécrivainindépendantnepeutrivaliseravecles
mastodontesilpeutjustesacrifiersesséconomiespourunrésultatdérisoi
remaiscestbienlapartdurêvequesontdisposésàpayerdenombreuxapp
rentisauteursquelesindépendantssoientparticulièrementvisésmontr

ebienloptiquerecherchedepigeonspratiquevenuedesétatsunisetrapi
dementdéclinéeenfranceautoeditioncomfutnaturellementdémarché
cegenredebonplansurtoutpourlesgestionnairesdusitemaisdespetits
malinsdevraientainsiobtenirquelquesjoursdevisibilitéestnaturellem
entàdéconseillermaisdevraisjeproposerunejournéedachatrembours
éQuelquesclicssurouisuffisentpourimposerles5étoilesjaiadoréceliv
reilestfinementécritlauteurnousfaitentrerdanslapeaudunbanlieusar
dquicherchelamourâmessensiblesvenezdécouvrirlavraieviedansle9
3çacestdelacritiquetaimeraisenavoirdelabonnecommeçayaunmecd
ebanlieuequimaécritçajenaipaspumempêcherdevérifierexactilfautd
evenirincritiquablequetoutepersonnedéçuenosepaslécriresesenteva
guementcoupablesilnapasaimécestquilnycomprendrienàlanouvelle
littératureauxbanlieuesauxjeunescestmêmeduracismeantijeunesant
ibeursunrelentderacismedanstoutevraiecritiquetuasgagnégrâceaup
olitiquementcorrectlesbonssoldatsdelindustrieculturellenallaientpa
stejeterlapremièrepierreouichapeaufinalementtuascomprisnotreép
oquechristineangotderrièreledrapeauincestestéphanehesselvieuxré
sistantettoibanlieuenumériquegrandevictoiredutoutestculturelesta
mpilléjacklangjacqueslangueencoreundetesphilosopheslaissejetep
arleduntempsoùlagaucheprétendaitfairedelapolitiqueautrementfran
çoismitterrandavaitpromislimaginationaupouvoiren1981eten2012
nousavonstoujoursmartinmalvyàlatêtedelarégionpourquoitumesor
stoujoursdesnomsquinepassentpasàlatélévisionchiracballadurokco
mmejelesadoraiscesdeuxlàquandjétaismômejenerataispourrienau
mondelesguignolsdelinfomalyenpluscertainquecestmêmepasunafri
cainpourtantlasagadecettefamillemériteraitbienunfeuilletondelagu
erre14autgvtoulousainenpassantparlespleinspouvoirsaccordésaum
aréchalpétainyatoujoursunmalvyquelquepartdepuiscentansmaistus
aistoutçaçanetesertàrientunesaispasenfaireunvraibouquinetbingda
nslesdentsjavaislimpressiondeluiservirdepunchingballverbalquelq
uepartensouriantjelencourageaisàcontinuersûrementpasparmasoch
ismemaisjenepouvaismeleurrerunevieenéchecprofessionneletsenti
mentalmêmesimecomplaireenrelativisantsurdeslivresnettementme
illeursqueceuxdepantinsétaitpossiblecommeuncouplepaspirequebi
endautresunemaisonenpierreblancheàlacampagneentrecequejaivou
luenquittantlesalariaten1993etmaviepresquevingtansplustardcertes

lasatisfactiondavoirtenuméviteladépressionmaisléchecestbienlàlar

outenemènenullepartoùpourraitellemenerlamouretunecertainereco

nnaissancelittéraireetlàjevaisoùauboutdelanuitaminavenaitdelereli

reellemeconseillaitdenfairedemêmejemesouvenaisencoretrèsbiend

elimpressiondemalaisequanden2006ou2007aprèstellementdetentat

ivessansparveniràdépasserunevingtainedepagesenfinjeleterminaisl

estyledecélinemavaitrebutédurantdesannéesetlàcevoyagemerenvoy

aitàmespropressensationspourlesquellesaucunmotnemevenaitauqu

otidiencétaitdoncavantaminadurantcettepériodedededécouvertedessit

esderencontresetdenombreuxenthousiasmesespoirsfaceàkaderjeso

uriaisilnepouvaitpasimagineretcenestpasunecritiqueilnavaitmême

pasvingtcinqansjemesouviensquàcetâgejauraisbienétéincapablede

comprendreunvieuxdailleursceshommesmeregardaientdehautcom

meunpetitjeunedansunesociétéàlastructurationbienplusmarquéeelef

airedelaplaceauxjeunesnestvenuqueplustardlesrévoltésdemai68so

ntparvenusàmaintenirdanslombrelagénérationsuivantequisestrapid

ementretrouvéepousséeauxoubliettesparcellequisuivaitplusaguerri

eauxnouvellestechnologiesjesuisdunegénérationdetransitionquidoi

tpayerlesretraitesdoréesdecesbabyboomerenfincestcegenredeconce

ptualisationquitournaitdansmatêteaprèsnoséchangesenretraversant

laforêtilnepouvaitpasimaginerqueloindepensersilnétaitpasmonemp

loyeurjeluicasselagueulecommeillecroyaitconfidencedenadègeme

venaitsouventiltefautsûrementcesbaffesdanslatronchepourallerauf

onddetoiypuiserletexteessentielcesttonvoyageauboutdelanuitunese

ulefoisjauraispuletabassermaisilfautcroirequejamaislaviolencenec

onstitueuneréponsechezmoipourtantjecontinuaisàlaisseraminame

maintenirdanslincapacitédécrirevraimentmaisdeplusenplusmevire

voltaitdanslatêteunquandlacordenestpasasseztendueellenémetaucu

nbruitquandelleesttroptendueellecasselasensationdarriveràunepéri

odecrucialesimposadurantcesjoursdemarsetavril2012jenepouvaisn

aturellementpasocculterquedeuxansplustôtellecontinuaitàmécrire

monamourtoutencouchantdèsquellelepouvaitavecsonfonctionnaire

européenitalienenmissionenéthiopiequandtuesunminimumfutétuc

omprendsviteleurfonctionnementilfautlaisserun3étoilescaramazon

adoreopposerunavistrèsfavorable5étoilesaveclacritiquenégativelap

lusappréciéequidébuteaux3étoilesun3étoilesquiconseilledacheterc

estcleanvotreproblèmeàvouslesécrivainscestlintelligencealorsqued
anslavieilfautêtrefutémêmedansléditionjaibraquédesbanquessans
mêmeuneseulegardeàvuemaisnonmonsieurlejugejeplaisanteforcé
mentcestdelalittératureilnefautpascroirenonplusquefrédéricbeigbe
derdanslavraievieahcestsuperlalittératureonpeutraconterlavéritétou
tenprétendantquecestdelafictionalorsquevouslesécrivainsvouscont
inuezàessayerdenousfairecroirequevoshistoiresabracadabrantesson
tvraiesjaipilotéladistributiondelapetitepoudreblancheidemetcomm
elontracontélesmédiasjaipasséquinzejoursderrièrelesbarreauxpourt
raficdecannabispréventiveetparcoursderéinsertionpouréviterlapris
onohmercimonsieurlejugedemavoirdonnéloccasiondecroisernadjtu
astortdenepasjouerlacartedépêchedumidilebayletmalairdunbravety
peenfernandeldeladépénalisationdushitilfauttoujourssavoirsunirav
eclesplusfortscestlaseulemanièredeprendreleurplacececequifaitdemo
iunbonreprésentantdelabanlieuerévéléaugrandpublicgrâceàlavague
dachatsdesympathiepourcelivrenumériqueà99centimesdeuroscom
mecestdrôlecommevousêtesconscommelerépétaitsisouventadamla
conneriehumaineestsanslimiteetlesécolesdesprofsnefontquelaggra
vercequilfautcomprendredanscetteviecestquilyaceuxquiréussissent
etlesautres;avecmoituconnaislepluscourtcheminpourpasserdubonc
ôtéetilajoutaitmêmeuntrucquivatemontrrerquadamcétaitunmecdune
intelligenceaudessusdelamoyennequandtunaisàlombremecsitusuisl
esbonsconseilsdesprivilégiéstuneverrasjamaislevraisoleiladamilét
aitpartideriendanslacitéilavaittoutorganisélavieestparfoisinjusteila
uraitpudevenirdéputémonfrèrecétaitsonambitioncestcequilmavaite
xpliquépourdevenirindéboulonnableilsuffitquejedeviennedéputéle
psrecherchedesmecscommemoipouréviterquelabanlieuesenflamm
eilavaitmêmerencontrébernardtapiemonfrèreilmecroyaitimpressio
nnéjhésitaisetfinalementjepenseavoireuraisonderetenirmesrinedan
slinstinctdemortaécritunephrasedecegenresoitlenomluiétaitinconn
usoitilauraitvoulusavoircommemoiunbravepaysanfinalementturess
emblesplusàunbravepaysandumoyenâgequàunécrivainilmavaitbala
ncéle7marsjavaislusonhéroslepremierachatcestdanaïsaveclecompt
eamazondesamèreoùlavieilleaenregistrésacartebancaireuntrucdelo
ufcesystèmesonmotdepassecestleprénomdesafilleetunefoisquetues
connectéàsoncomptetupeuxachetercequetuveuxcarelleamémorisés

65

acarteenregistrezvotrecartecestpluspratiqueyaunfricdingueàsefaire
enpiratantcegenredecompteenfinsiçatintéressepasbesoindecomma
nderleurkindleilsuffitdetéléchargerunlogicieldelecturesurordimais
deuxheuresplustardtoujoursrienendessousdemoyennedescomment
airesclientsoyezlapremièrepersonneàécrireuncommentairesurcetart
iclelàoùjavaisbienpigéqueleslivresquisevendentavaientunelignen °
999danslaboutiquekindleavecàcôtéentreparenthèselevoirletop100d
anslaboutiquekindleetcestlàquilfallaitquejesoisenplusimpossibleda
cheterdeuxfoislemêmeebookaufaitçavateserviràquoidêtrenuméro1
danscetrucdintelloslafrimeanaïslafrimeetsecretmaprincessedescont
actsdansleshowbizyaunfricdingueàsefairedemainilsseronttousmes
clientsjeluiavaispromisdeluiobtenirunautographedegrégoireellelad
oraitavecmacartebancairejevoulaismecréeruncomptemaisanaïsmae
xpliquéquonseraitviterepéréavecuntrucdadresseshiphopquipermet
dereconnaîtredoùlonseconnecteyaeutoutuntasdeproblèmesonapue
nacheterquecinqdanslajournéeetlelendemainmatinn°324danslabou
tiquekindleanaïsétaitfolledejoiemaisjemedemandaisilenfautcombi
endesventespourarrivernuméérounalorsilafallusorganiseranaïsfutgé
nialeellemaimpriméunepageachatdubouquindekadersuramazonmo
dedemploiavecnotéengrasopérationtopsecrètelinformationnedoitp
assortirdelacitéetcinqcentsàlaphotocopieuseensuiteungaminfutcha
rgédattacheràchaquefeuilleunbilletdevingteurosavecuntromboneo
uicestuntrucquejeteconseilleilfauttoujoursgardercinqcentsbilletsde
vingteurosplanquésquelquepartjesuissérieuxoncroitquelesbilletsde
centeuroscestlaclassemaislespauvressedemandenttoujourssilsagitd
unfauxvingteuroscestlacoupurediscrèteetgranderéunionduconseild
esministrescommeonditilsagissaitdaborddefaireacheterchaquejour
quinzeebookschaquepersonnerecevantundocumentdevaitentélécha
rgeraumoinstroisàquatrecinqjoursdintervalleetnousrendrelemoded
emploiaveclesdatesetheuresdachattoutlemondeacruquejavaislesmo
yensdevérifier10000eurospourleculdenadègeàvolontéjauraisdonné
bienplustumedirasradincommetuesselonquitusaisattacherunbilletd
edixeurosauraitsuffimaisilexistedesmomentsoùilfautsavoirêtregén
éreux

xiiinadègepiégée

nadègeatoutdesuiteflairélentourloupeelleadabordcruquejavaispirat
ésaconnexionnoncenestpaspossibletumeprendspourunmenteuronn
apasdéducationmaisonnaquuneparolenousonnestpasdugenreàpartir
ensuissepourpaspayernosimpôtsdailleursonnenpayepastuessayesde
tedéfilerpournepasmedonnercequejattendsdepuislepremierjourelle
maregardébizarrementpuisavecunefrayeurdanslesyeuxcommeauci
némajecroisbienquelleavaitoubliélesconséquencesdemaprésencee
ntêtedutopdamazonkindleellenyavaitjamaiscruquecesoitpossibleka
deravaitdevinénadègemaracontéle21marsjemesuissentieredevenir
unobjetjaifaillimévanouircenétaitpluskaderquejavaisdevantmoima
iscarlolignoblecarlopabloétaituncamaradedeclasseetpresqueunvois
inilavaitlachancedavoirdesparentsrichesselonlescommentairesdelé
poquememêmesisonpèrefonctionnaireeuropéenunitalienmariéàunefra
nçaiseséjournaitrégulièrementenafriqueenmissionsmaiscetététélàjav
ais10anssonpèreétaitprésentquandpablofutmaladejenesaismêmepl
usdequoiquandjesuisarrivécarlomaracontéquilvenaitdesendormir
maisquilnallaitpastarderàseréveillerquilfallaitlattendreilmademand
ésijevoulaisjoueraumonopolyforcémentjétaisdaccordalorsonjoueàl
italiennesituveuxjignoraisnaturellementcequeçasignifiaitetjairépo
ndudaccordcestmoilapremièrequiaitachetéuneruealorsilaretiréunec
haussetteçamafaitriremaiscétaitçajoueràlitaliennequandladversaire
achetaitunquartierilfallaitluidonnerundesesvêtementsonsestdoncra
pidementretrouvésnusalorscefutlapauseunverredejusdorangepour
moisurlecanapéjemesuissentietoutejoyeuseetenmêmetempsfatigué
eilmaprisedanssesbrasetjaisentiunegrandedouleurdanslebasduvent
remaisilmecaressaitetjemesentaistellementjoyeusefatiguéeetjoyeus
ejemesuisréveilléelelendemainmatindanssonlitilavaittéléphonéàm
amèrepourluiexpliquerquejavaisjouétoutelaprèsmidiavecpabloetq
uejemétaisendormiequesonépousevenaitdemebordermamèreétaitte
llementimpressionnéeparcefonctionnaireeuropéenettrèshonoréequ
elquepartauréveiljétaistoutebizarrequelquechoseenmoitremblaitm
aisjenavaismêmepaslalucidité́demedemandercequejefaisaislàilmaa
ppeléeprincesseilétaitalléacheterdescroissantsquimattendaientsuru
nepetitetableavecdujusdorangeaprèscejusdorangejemesuissentiede

67

nouveautouteexcitéeetplusdutoutfatiguéejeplanaisilmembrassaitsu
rlabouchequelquepartcétaitbienmêmesijesentaissanscomprendrequ
ejenétaisplusmoijétaissuffisammentlucidepourréaliserquilsepassai
tquelquechosededramatiquemaispasassezpourmenfuirilmapénétré
ecommeiloseajouteravecunegrandetendressemaisjemesuissentieun
objetetçaacontinuédurantdesannéesjesuismêmepartieunesemainee
nvacancesaveceuxjaiétéleurobjetàsafemmeégalementellepréféraitq
uesonmarisamuseaveclagamineplutôtquedallertraînernimporteoùil
smontvolémonenfancejesaismaintenantquilpossèdetouteunepharm
aciedepetitesfiolescestcommeçaégalementquilaeuphoriséeaminada
bordàlaéroportducaireavecuncocaquilaeulagentillessedallerluicher
cheraubarpuisàaddisabebatoutecetteenfancequejecroyaisavoirréuss
iàsurmonterestrevenuelàdevantkaderquandilmaposélesmainssurles
épaulesjaisentiunepoignedeferjesavaisquejenemensortiraispassans
luidonnercequilvoulaitmeprendrejesavaisquilallaitfairecommelaut
retuehouimonangemonamourfermelesvoletsjevaisteprendreicisurl
amoquetteousurunechaisecommetupréfèrestucenestpaspossibleque
cesoittoikaderternsetmaphotoquestcequiltefautallezjetelaissecinq
minutestupeuxfaireletourduquartierpourvérifierquesurlensembled
esordinateursdumondeentierlavraieviedansle93cartonnemondieuto
ndieucestmoimaintenantettuvasconnaîtreleseptièmecielmabellecef
utencoremieuxquavecanaïsjétaisfiertoutlerestejemenfoutaiscomm
edemonpremierbraquageellemaluaprèssondeuxièmeorgasmecenes
tpaspossiblequetusoisentêtedesventesavecçajerêvecommediraitlau
rentfabiusoualorsilspensenttousquecestunnouveautourdejackalainl
égercestbiendetoimaintenantquetumaseuepourquitumeprendskade
rternstenconnaisdautrestuasdéjàentenduparlerdejackalainlégernem
eposepasdesquestionsdonttuconnaislaréponseceneseraitpasundetes
clientsmêmesilprétendneplussedroguerdepuisdesannéestulauraisre
ncontréettutiendraislerôledelauteurcestçatastropdimaginationcestq
uitonjackilestducoinjackalainlégerestunécrivainassezconnumaisco
mmeunpeuavantlan2000ilnetrouvaitplusdéditeurnevendaitplusilaé
critvivremetueletémoignagedunjeunebeurdoriginemarocainelasign
épaulsmaïlunbestselleretunscandalelittérairequandonaapprisquilne
sagissaitpasduneautobiographiemaisdunemiseenscènelittéraireettu
croisquilyauraitdesnazespourcroirequecesttonjackquisignekaderter

nsetilsachèteraientàcausedecelasansvouloirtecritiquercenestpasdel
alittératurecommejetentendsetmêmecommetémoignagejemedema
ndejustecommenttuesarrivéàdevenirlameilleureventetuasencorema
gouilléohjamaisjenemagouilleraiplusquefrançoismitterrandpourqu
oitumeregardescommeçajenesaispasquicestmaislautrejourlepatron
dubarmaréponduçafrançoismitterrandtulasdéjàeuenréinsertiontuig
noresquiestfrançoismitterrandtusaisjenedemandejamaislenomdesg
enscestcommetonjackalainmondieuaufaitstéphcestquicefrançoism
itterrandjaiégalementsimplementpumexclamerensouriantmondieu
vousêteschiantslesintelloslejouroùjelecroiseceluilàjelarebaisaisma
isenmêmetempssonhistoiredejackmetournaitdanslatêteetsiquelque
scritiqueslereconnaissaientlelendemaintandisquemabellenadègesu
bissaitdanssonbureaudelavenuecharlesdegaullelagrandecrisedeson
pablosonfiancéofficielquivoulaitsavoiroùelleavaitpassélanuitànotr
egranderéunionquotidiennejedécidaisdefairemodifierquelquescom
mentaiamesenintroduisantcejacketdenvoyerauxmédiasquelquesmails
anonymessignésfrançoismitterrandlesinformantquelécrivainréussi
ssaitunnouveaucoupsouslepseudonymedekaderterns

xivjackalainléger

jackalainlégerconnudepuissonentréefracassantedanslemondedeslet
tresen1976avecmonsignorechezrobertlaffonttroiscentmilleexempl
airesadaptationaucinématraductionenvingttroislanguesnefigurepou
rtantpasparminosstarsdesaintgermaindesprésseslivressuivantsnepa
rvinrentjamaisàrenouvelerlesuccèsetilsemblelavoirtrèsmalvécutou
tenessayantdecapterunpeudelumièrederevenusenpassantentrelesm
aillesdufiletmavietitreprovisoirequilpubliaenjuin1997nestpasdelau
toéditionmêmesisalvyéditeurmelelaissacroire!maiscettemaisondon
tlenomcorrespondaitsibienàlouvrageéditedautresauteursetsemblea
voirétécrééepargérardjuliensalvyunhistoriendelartquiselonwikipéd
ia2012seraitconnupoursabiographieducaravageainsiquepoursatrad
uctionannotéedelouvragederobertolonghiconsacréàcepeintremavie
titreprovisoirerésumecettechutedanslaconsidérationdumilieulittéra
irenéanmoinsouironiedespublicationsaumêmemomentilréussissait
unenouvellepercéesouslepseudonymemasquédepaulsmaïlavecunn
ouveaubestsellervivremetueletémoignagedunjeunebeurpubliéchez
ballandétaitdoncfictifcequichoquacertainsquandlidentitédelauteurf
utconnueenlan2000sûrementlescritiquesquildépeignaitdanssoness
aivéritéetquinelaimaientpasetsesontretrouvésàlencenserpoursonté
moignagedesdifficultésdinsertiondunjeunebeurpourtanttrèsdiplôm
éjimaginebienléditeurtentantdepersuaderleschersethonorablescriti
quesdedonneruncoupdepouceàcetteœuvrebouleversantetrèsgauche
bienpensantemavietitreprovisoirejaisualorscequepeutnourrirdehai
neàlendroitdunécrivainuniquementécrivainlapègredesgensdelettre
sdontbalzacasiexactementdépeintlesmœursdansillusionsperduesm
œursquinontpaschangésicenestenpirevénalitéfutilitéservilitéjavais
perdumesdernièresillusionssurcemilieudontlespratiquesressemble
nttantàcellesdumilieuparasitagesdelaproductionchantagesàlaprotec
tionintimidationsetcpublicationdelivresqueléditeurjugemédiocreso
uinvendablesmaisquilsurpaieàdesauteursdisposantdunpouvoirquel
conquedanslesmédiasfabricationpardesnègresetdesplagiairesdunef
ausselittératurequicommelamauvaisemonnaiechasselabonnecalom
niesetpassagesàtabacpourlesraresfrancstireursnousavonslesmoyen
sdevousfairetairedéfinitivementmeditsansrireuncritiqueparailleurs

employédunemaisondéditionetjurédeplusieursprixlittérairesauquel
jaieulemalheurdedéplairejenétaisdaucunecoteriedétestantcesdoute
usessolidaritésfondéessurdesaffinitéssexuellespolitiquesoualcooli
quesvoirunesimplepromiscuitéaumarbredunjournalouàlatableoval
eduncomitédelecture;jétaispunionmefaisaitpayercherdenavoirjama
iseudeparrainhébienlaguerrecontinuelaguerrepourtrouverceminim
umdepaixnécessaireunéditeuruncontratdequoitenirencorequelques
moisjensuislàsigneruncontratempocherunàvaloirsimodestesoitiléc
riresurcommandetoutetnimportequoifaceauxauteursengrandesdiffi
cultésquotidiennesleséditeursapparaissentcommedesmastodontesfi
nanciersdixpagesplustôtlauteurnotaitoùsesituelalignedepartageentr
elecompromisacceptableetlinadmissiblecompromissionjackalainlé
gerfiguredoncdanslalistedecesauteursquiauraientpuessayerdegagn
eràlagrandeloteriedulivrenumériquesouspseudoilsemblaitmalgréso
ndégoûtdespratiquesnepasvouloirsecouperdecemilieupubliersouss
onnometsouspseudojaiégalementtentédanslindépendancesanssouti
enmédiatiquelesproblèmessajoutentplutôtqueleschancescertesjepo
urraismesatisfairedunrésultatmoinscatastrophiqueenquelquesmois
denumériquequendeuxdécenniesdepapierinvisiblemaislarévolutio
ncestautrechosesuisjecapabledécrirelelivredelarévolutionnumériqu
eletémoignagelanalysequipasseraaudessusdestêtesdesinstalléspour
toucherlegrandpublictandisquejécoutaiskadercequestionnementrev
enaitrégulièrementaveclimpressiondavoirdevantmoilacléprincipal
ecellequiouvriraitlabonneserrureouikaderfutpresquelhommedelaré
volutionnumériquecommestéphanehessellesdeuxsansvraimentlevo
uloirlevieilhommelauraitdailleursétésilekindleavaitdébarquéunanp
lustôtmaislevrailauréatceluiquimarqueralépoquejemeprenaisàrêver
duntextechocpasforcémentlongdontletitreconstitueraitundéclictrou
verletitreenmars2013alorsquetoutcelaestfinimaisquejenaitoujours
paspubliéjentendssurfranceinterunerediffusionduneémissiondefévr
ier2012oùlecélébrissimefrançoisbusnelrecevaitnotrejackalainléger
alors65ansunequarantainedelivresaucompteuretdansunegrandepéri
odededépressionaprèsavoirpubliéchezchristianbourgoisflammario
ngrassetlaffontjulliardgallimardmercuredefrancedenoëlstockzanza
rocircussortaitchezléditeurmaisonnéeenjanvier2011àlinitiativedoli
vierbardolleavecunbonaccueilçadevraitsuffiremaisçanesuffitpasje

71

neretrouvepaslélanquimefaitécrireunlivrepeudistribuélhommedela
grandelibrairiesemblanttrèsmodérémentapprécierlaconclusiondela
uteurrenvoyantàamazonoùlesdeuxcentspagessontvendues15euros2
0pourunprixpublicà16eurosaucuneversionnumériqueselonlemonsi
eurdelegrandentretienitinérairedunécrivainquinaplusdéditeurlhisto
iredunrockerrévoltéundergroundquinaplusdelabellacarrièreestrevis
itée1976unerevancheextraordinairecarlelivreavaitétérefuséchezgra
sset1997çaétéformidabledevoirtousceuxquimecrachaientdessustro
uverçagénialcétaitunejoieprofondepourquoiavezvousfaitcecoupàla
garyajarjefaispasleschosesenlespensantlongtempscestcommeçaçaa
rriveunmatintiensjevaisécrireçagrassetfbcitele61ruedessaintpèresc
estlekremlinsousstalinecestlevaticansouslesborgiamodéréaumicro
parlauteurcesontdescolèresetquandonestencolèreonnecontrôleplus
cequelonditlamusiquelesalbumsladevanturedesivressessouslenom
demelmothen1968unalbumconsacréparlegrandprixdelacadémiech
arlescrospourtantunéchecclemétierlarefusécétaitunpetitlabelquiétait
distribuéparlénormemultinationalequestcbsetcbsademandéàécoute
rlesparolesunefoisquejaieuleprixilsontététellementhorrifiésquilslo
ntfaitretirerdesbacsetquilsontannuléledisquedansquelétatétiezvous
fouderageonétaitaulendemainde68etilyaeuunesortederepriseenmai
nidéologiquetrèsforteycomprisdesmédiasaulendemainde68ilfallait
queplusriennedépassepuisobsoletesouslenomdedashiellhedayaten1
971aveclenvoûtantchrysleralbumachetésurpriceministerremisenve
ntelasemainesuivantesonapprochelittéraireavecdescitationsinsérée
ssansguillemetsécrirecestdialogueravectoutlerestedelalittératurebu
snelintervientavecexpliquezçaàunavocatilvousdiraqueçasappellepl
agiernondialoguerjécrisparcequilyaeudesécrivainsjécrispasparcequ
ejaiunepeinedecœurouquejaienviedechangerlemondejécrisparcequ
ilyeutdelalittératuremalrauxdisaitcézannenepeintpasdespommespa
rcequeyadespommesmaisparcequilyaeudespeintresavantquiontpei
ntdespommescestlamêmechosejécrisparcequebalzacparcequestend
halparcequeproustjaiégalementlimpressiondedialogueravecmespré
décesseursmaisjecroisnécessairedechangerlemondeeclairerquelqu
eslectricesetlecteurscestchangerleurmondedonclemondeparmieux
desécrivainssuivrontcettevoieenavriljeledécouvredanslapremièreb
aseẹeliredesindisponiblesdontleséditeursvontpouvoirrécupérersans

signaturedesauteurslesdroitsnumériquesquiappartiennentpourtantà
cesauteursquidoiventréagirsoussixmoispouréviterlengrenagegrand
cadeaudesparlementairesjepubliealorsuncourttextepourlequeljepo
urraiségalementrépondreàmonsieurbusneljefaispasleschosesenlesp
ensantlongtempscestcommeçaçaarriveunmatintiensjevaisécrireçaa
lertezjackalainlégerenpartantdunparallèleentrelecrialertezlesbébés
dejacqueshigelinsonalbumde1976aveclesucculentinoubliableettou
joursactuelaujourdhuilacriseetlemonsignoreindisponibleetsurleque
llefricàsefairesemblecorrectavecdesmiettesquelécrivainserapriéder
éclameràlasofialabiennomméeindisponibleautoportraitauloupquef
rançoisbusnelvenaitdelireflammarion1982indisponiblelessouliersr
ougesdeladuchessefbourin1992indisponiblelagloireestledeuiléclat
antdubonheurquasiunromanzojulliard1995indisponiblecapriccioju
lliard1995indisponibleselvaoscurajulliard1995indisponibleleduod
uiithéâtredumerchez1992indisponiblemonsignorerlaffont1976indi
sponiblemonsignoreiirlaffont1981huittitresauxquelsilconvientdajo
uterjeuxdintérieurauborddelocéanpubliésouslenomdedashiellheda
yatchezcbourgoisen1979maiségalementprimadonnaromanpubliés
ousevesaintrochchezstocken1988wikipédiaquiprétendtoutsavoirno
teéditionintégralementpilonnéeparléditeurmaisvisiblementaprèsdé
pôtlégalsuramazonversantboutiquekindleuniquementdeuxréponse
spourjackalainlégermonpremieramourà549eurosunlivredisponible
enpoche185pagesà712eurosediteurgrasset1janvier1978uncielsifra
giledisponibleenpochefoliodegallimard12septembre1989320pages
à779eurossoitmoinscherquelaversionnumériqueà849eurosleforma
tbroché333pagesdechezgrasset1juin1976naviguedanslesmêmesniv
eauxà969prixpublic1020

xvlecontratdenègre

lecontratentrekaderetmoicenesontquequelqueslignesrédigéesdansl
estyledunmodèledénichésurlenetentrelessoussignéskaderternsnéle
10mai1988àaubervilliersetstéphaneternoisenéle27octobre1968àarr
asstéphaneternoisesengageàremettreàkaderternsauplustardle28févr
ier2013untexteromancéreprenantsesconfidencesautobiographiques
dunminimumde50000motsle5dechaquemoiskaderternsremettraàst
éphaneternoiseunchèquede2400euroshttva7% àladatedesignatured
ucontratsoit2568ttcoueffectueraunvirementsursoncomptebancaire
kaderternssengageàconsacrerauminimum10heuresparsemaineàrép
ondreauxquestionsdestéphaneternoisesoitpartéléphonefraisdecom
municationàlachargedekaderternssoitpartoutautremoyenaprèsacco
rdentrelesdeuxpartiessikaderternsdécidaitdarrêterlacollaborationav
antlaremisedumanuscritsoitenlexprimantformellementsoitennerép
ondantpasauxquestionsdestéphaneternoisecedernierconserveraitle
nsembledespaiementsetnauraitaucuneobligationdefourniruntextem
êmeintermédiairepourdémontreruneabsencederéponsesstéphaneter
noisedevraenvoyerunelettrerecommandéenécessaireetsuffisantelui
spécifiantladatedesesappelsetluiproposantuneautredatefautederépo
nseparkaderternsdanscecségalementparlettrerecommandéelecontr
atseraitconsidérérompuparlui(silneprenaitpaslalettrerecommandée
lecontratseraitdemêmerompuàsesdépensencasdabsencedunpaieme
ntmensuelparkaderternslecontratseraitégalementconsidérérompup
arluiaveclesmêmesconséquencesàlaremisedumanuscritfinalsousfo
rmepapieretgravésurcdauformatwordetpdfkaderternseffectueraunp
aiementde10000euroshtàstéphaneternoisesikaderternsremplitlense
mbledesesobligationsmaisquestéphaneternoiseneremetaucuntexte
dansles15joursaprèsdemanderéitéréeenlettrerecommandéeaudelàd
u28février2013stéphaneternoiserembourseralensembledessommes
perçueslaremisedumanuscritseffectuerachezstéphaneternoiseledéc
èsdunoudesdeuxprotagonistesstopperaitnaturellementlecontratsan
squaucunedespartiesnepuisseréclamerunremboursementunesomm
edueouuntextesurlelivrepubliékaderternsrétrocédera5% delensemb
ledesdroitsdirectsouindirectsquilpercevraàstéphaneternoiseendroit
sdauteurfaitàmontcuqle22février2012sûrementpasparfaitpourlesas
dujuridiquemaisuncontrat

xvi10heuresparsemaine

dixheuresparsemainedurantunancinqcentvingtheuresquelleambitio
npouruntellivrequelprofessionnalismejenepouvaisquandmêmepasl
imiterleséchangesàhuitjoursquandnosrendezvousquotidiensontdéb
utémartinmalvymestrevenuentêteversantdesracinesdescombatsetd
esrêvesetlamagistraleexplicationdonnéeparleurdépêchedumidipou
rquoicelivrecestjeanchristophegiesbertetmarcteynierquiluiontprop
osélidéedefairecelivreancienjournalistejaitoujoursenviedécriremai
sjenairarementletempsexpliquetilnousavonsfixéunrendezvousenfi
ndaprèsmidiundimancheaprèslepremierjenepouvaispasarrêternous
noussommesdoncvus7à8dimanchesjairéponduàleurquestionenfum
antdescigarettesetenbuvantduwhiskyonapassédesbonsmomentssig
néedunlivrebâcléenunequarantainedheurescertesavecdeuxcollabor
ateursdontonimaginetrèsbienlaquestiondugenrecommentfairedevo
usunhérosetpeutêtreunesecrétairepayéeparlarégionpourretranscrire
cesentretiensdansmoncombatcontrelecentrerégionaldeslettresleurr
efusdemaccorderlapossibilitédeprésenterundossierpourobtenirune
boursedécriturede8000eurosblocagedelindépendantduneseulephra
selauteurdoitavoirpubliéaumoinsunlivreàcomptedéditeursousform
eimpriméejavaisfiniparpersonnaliserlecombatdéfierdirectementlec
hefquandilpubliaunnouveaulivrecettefoisdesentretiensavecunécon
omistelibéralnicolasbouzoucettefoischezunéditeurtoulousainprivat
unemaisondugroupefabreunmastodontedelabeautéégalementprése
ntaucapitaldeleurdépêchedumidijavaisbalancéquandmartinmalvyp
ublieunlivrequestionsdedéontologiepasplusdeventesquelesautreses
saisuneindifférencetotaledesmédiasmaisaumoinsquilnenourrisseau
cuneillusionquandenfinilseraremplacémescommentairescestcequir
esteradesavieehouicegenredemecpeutfaireéditeretvendregrâceàune
abondantecouverturemédiatiquedesfeuillesinutilesmaislexplicatio
ndunsystèmepervertioùléditeurasûrementbénéficiédabondantessub
ventionsdelarégiondoncpeutéditerlepatronsansexigencelittérairem
êmeàpertetoutlemondes'enfoutdevraisjeplutôtsolliciterdesfemmes
etdeshommespolitiquespourleurproposerdesentretiensunanpourqu
oiconsacrerunanàcegenredeprojetenregistreretrecopiercesproposco
mmesemblentlavoirfaitcesjournalistesjenesuismêmepascertainquil

75

laitrelunotreprésidentderégionsinonilseseraitaperçudesoublissurlo
uismalvysarencontreavecmussolinisonsoutienauxaccordsdemunic
hsonvoteèsdéputédespleinspouvoirsaumaréchalpétainsacondamna
tiondindigniténationaleàlalibérationlhommeaupouvoirréécritcertes
lhistoiremaisdanscertaineslimitesdevoirdevigilancedeslectricesetle
cteurspourquoiperdreunanaveccefoupourluifairecroirequecestcom
pliquéderédigeruneautobiographiequilneviennepasmeréclamerdan
shuitjourslemanuscritconsidérerquunpaiementmensueldurantdouz
emoiscestdelarnaquecommelepensedailleursamina38800eurosouij
aiexagérépluslescadeauxjevaispouvoirinstallerunefossesceptique
machèrecompagnepréféreraitquonsoffreunlongséjourundjiboutima
isouinouspouvonsnouspermettrelesdeuxmaisnonjepréfèreengarder
unpeupourlasuiteouijesuisprudentmaintenantquilestlàvaisjerencon
trercepetitloubarddurantunanetsupporterdevoirnadègesanslatouche
r

xviiuneformederoutine

finilordinateurdumatinjusteuneconsultationdesmailsparfoislenvoid
unguidedelautoéditionnumériqueleseulebookàsevendreunpeusansi
ntermédiaireparfoisuneréponseàmonsieurblondinouiunjourildéfen
drasurscènenoschansonsetceseraunebaffedanslagueulepourlesendo
rmisouicemétierpermetderêverparfoislenvoidunepiècedethéâtreàu
netroupequinelajouerasûrementpasoueffectueraquelquesreprésenta
tionsdiscrètessansverseruneuroaudramaturgeetjetraverselaforêtpar
stravaillerunblocnoteenmainquatrestylosdeuxnoirsunvertetunroug
edanslapochettedelachemiseleportefeuilledanslapochedupantalonq
uelleestagréablelaviedégagéedessoucispécuniairesilvajustemefallo
irmoccuperdedépenserunpeudargentpouréviterdemeretrouverimpo
sablepourlapremièrefoisdepuis1995unordinateurportabledéjàceser
aitpeutêtreutileetnepasperdreunandoncdébuterunvrairomanàcôtéra
conteraminanadègemeprépareuncappuccinoleplussouventelleestm
êmedéjàpasséeàlaboulangerieetjedégusteaumoinsdeuxtranchesdeb
riochekaderracontejenotesaravissantecompagnenouslaissetravaille
rséloignepourlireparfoislastarluilanceçanetintéressepasmavieetsar
éponsealairdeledérangerjelirailelivredestéphanecetemploidutemps
débutaunjeudile1ermarsilluiavaiteffectivementsuffidetroisjourspo
uraménagercorrectementunepiècechaufféeetmeubléehabitableserv
antdecuisineetchambreetimmédiatementilsestfaitlivrersixtonnesde
sableblancdixdesableàbétonainsiquetroispalettesdesacsdecimentet
douzedeparpaingsquandplusriennemevientpourlerelancerjesorsona
bienbosséaujourdhuiilselèvesechangeenfileunbleudetravailetdirect
ionlabétonnièrecestmarcelquiluiaconseillélebleudetravailpremiero
bjectifunechapedebétondanslescavestoutesencoreenterreilnefautpa
shésiteràmettrelamaindedanspourprendreunepoignéeetvoirsionarri
veàfaireuneboulesinonturajoutesdeleauoudumélangesablegravieril
merépètelesconseilsdemarcelcestpresquedevenuunjeuquelquesrépl
iquesdenotrepetitthéâtrequotidienmaistuesfoudemettrelebrasdansl
abétonnièrealorsquelletourneçafautêtrerapidemongarstupassesentr
elesdeuxpalesethoptuchipesunepoignéenivuniconnuluiilenprendun
epoignéeaprèslavoirversédanssabrouettepertedetempseteffectivem
entilressortunepoignéedebétondanslamaindroitesansmêmeuneégra

77

tignurenadègelitdanslesalonoudehorssuivantlamétéojevaislasaluer
àdemainnadègeahkunderalaplaisanterieilfaudraitquejelerelisejeme
souviensdelépoqueoùdansunlivredyvessimonrevenaitlenomdemila
nkunderaetainsijaiachetémonpremierkunderaçadevaitêtrerisiblesa
moursjaialorscessédesuivreyvessimonjeviensdelireocéancestplutôt
bienécritjecroisquauréliefilippettiestpasséeparlesmêmeslecturesma
iselleenestrestéelàetlaconstructiondesonpremierromannefutqueçaa
veclaidedesoncheréditeuretmaintenantellevoudraitnousimposersac
onceptiondelécrivainunouvrierguidéparlemaîtreéditeurtuveuxlalire
ouiçapeutêtreintéressantdeconfrontersonécritureaveccellesdyvessi
monetmilankunderailtintéresseencoreparfoisjaienviedelereliremê
mesijemesensdésormaisplusprochedephilippedjianmichelhouelleb
ecqpaulausterouluciaetxebarriailfaudraégalementquejemintéresseà
sesromansrécentsjelesdemanderaiàlalibrairielesintelloshurlekader
nousnoustournonsversluiçafaitdeuxminutesquejevouséécoutecomm
entvouspouvezparlerdechosespareillestusaisoùçasachèteunetaloch
emarcelmaditquilmenfautunepourquelebétonsoitbienplatàlacaveil
mavaitpromisdemeprêterlasiennemaishierillaoubliéedoncmieuxva
utquejenachèteunejemyconnaisenécrivainsdu19emedu20ememais
unetalochejenesuispassûrdesavoircequecesttudevraisentrouverune
àbricomarchéobioubricodépôtjiraicesoiralorsjenevousdérangepasl
esjeunesmarcelarrivaitavecunetalocheenmainouicétaitbiencequeje
croyais

xviii11mars2012

kaderrapidementpartibétonnernousenétionsauxbanalitésavecnadèg
eilavaitgeléelleétaitdoncrestéeàlintérieurjemesouvenaisdavoirente
nduquelemélangenécessiteunetempératuredaumoinscinqdegrésmai
spasenviedeleretenirtunaspaslairpressédrerentrerohtusaisdepuisqua
minaachoisideprendreunechambreàprayssacdurantlasemainecarvin
gtkilomètrescesttropépuisantdoncquandelleestlàforcémenttrèsfatig
uéeforcémentavecdescopiesàcorrigercarbiensûrlàbasellenapaslete
mpsjepréfèreêtreavecquelquunquimeparlevraimenttucroisquelleen
profiteraitpourtetromperavecsescollèguesouinitiersesélèvesellema
promisquejamaisplusjamaispluscarellemavaitpromisquetoutallaitb
iensepasserquandelleestrepartieàaddisabebadoùellemécrivaitchaqu
ejourmonamouretelletatrompéellesestlaisséesubmergerunsoiraprès
6heuresdedragueeffrénéedanslavionlecaireparisendécembre2009p
uisdesheuresautéléphoneenfévrier2010etfinalementsoncharcarlodi
plomateitalienenposteàaddisabebaavecquiellerêvaduneviedeprince
sselepèredepablolepèredetonexnoncenestpaspossibleilnousenaparl
édaminaquisevoyaitdéjàbagueaudoigtetgossedansleventreexcusem
oinonvasyracontesesversionsonttellementévoluéquejenesuispasen
corecertaindetoutsavoirendécembre2009ilneigeaitilestarrivéennou
sracontantquilavaitfaillinousamenerunepetitenégressemaisquauder
niermomentdanslererelleluiasusurréquellenepouvaitpasquelleétait
désoléequelleenavaitenviemaisquellenepouvaitpasquelleétaitatten
duequellesavaitqueçaallaitmalsepassermaisquelleavaitdeschosesdé
sagréablesàavoueràsonamiquelleluiraconteraitquandilssereverraie
ntàaddisquilsauraienttoutletempsdefairevraimentconnaissancejarrê
teçatefaittropmaltusaisdepuislongtempsquecestellejenétaisquasim
entpersuadéeçamadabordsembléincroyablecestpourcelaquellenem
aimepaselleacomprisquejesaisilmasuffidequelquesphrasestuasente
nduparlerdesophieelleestcetteannéelaprofdesonfilshéouidimanche
dernierlorsdenotreballadedurantvotrepartiedepingpongjeluiaibalan
céensouriantahsophielapresqueofficielledecarlolepèredemonexelle
estpasséedunoirauvertjavaisjusteajoutéledonjuandesaéroportsnous
confiesesaventuresàchaquefoisquilprendlavionilnepeutpassempêc
herdeleverunepetitedindeilamêmedéjàfaillinousenramenaruneàlam

aisonendécembre2009ilvoulaitlagaverpournoëljecomprendsquellet
econsidèredésormaiscommeunepersonnenéfasteellesenprendsurto
utàtatenueenmarsonvoittoutenmaielleseranuetuasmêmeétélacausei
nvolontairedulancementduneénièmedisputecarsonvilainamouraos
éluirétorquertandisquetoienavriljamaistunetedécouvresdunfildeplu
squenmarsoùtumontrestoutcequetunaspaspumontrerenfévrierjaisû
rementexagérémaisparfoislhumourpermetdesortirdeschosesquinep
asserontjamaisellequiétaitenchantéequejegagneenfinunpeudargent
commenègredekaderelleconsidèrequilfaudraitquejeluirendetoutqu
eçavanuireàmacarrièretutesfaitavoircommemoiunjourjeteracontera
itoutlemalquimesttombédessuscenestquelaconséquencedupremier
decarlojespèrequonpourraseparlerstéphanejemesensbienavectoietj
esaisquetuapprécieslabellevuequetuasicielleasourimaisjenaipaspu
mempêcherdeladévorerdespiedsàlatêtejefusmêmepersuadéquelleé
cartamachinalementlégèrementlesjambesquandellesentitpassermo
nregardjétaisprochedelévanouissementtupeuxégalementvenirtusai
snontunesaispasmaisjenesuispasvraimentlibredemesmouvementsj
evaisàlaboulangerielematinçamepermetderespirerunboncoupunjou
rjetrouveraipeutêtreunebonneraisondebougerplusjaivuquilyaunclu
bdebasketàlauzertejecroisquejevaismeremettreausportilyaégaleme
ntunclubdetennisdetablejemesuistoujourspromisdemyinscrireouin
ousavonssûrementbesoindactivitéssportivesonsestsouri

xixanaïs

tuvoismecyauntruclàenmoiaufonddelagorgeetcestàtoiquejevaisles
ortirjetinterdisdelécriredanscebouquinaprèsmamortparcequejesais
bienquunjourquelquunauramapeaulàtupourrasleplustardpossibleje
spèrejaimeraisvoircequeçafaitdêtrevieuxcommetoidéjàjailimpressi
onquecestdansunsièclemaisdemonvivanttopsecretunvraisecretsitu
nespascapabledelegarderlèvetoitoutdesuitejavaissimplementhoché
latêteensignedacquiescementnadègenétaitpasencorerentréedelabou
langeriemaisilrestaitdelabriochedelaveillejamaisnadègenelesaurac
estbizarrelaviejeluiaipromisquejenauraijamaisplusdesecretspourell
eetjevaistavouercedramedemavieplutôtquedeleluiconfieralorsquell
eajouéuntelrôlequelleestpresqueresponsableautantquemoianaïspor
taitnotreenfantjenevoulaispasquellelegardejeluiavaispromisplustar
dquonenferaitunquandelleaurait18ansmaisnonellevoulaitlegardero
nsestdisputéunpeujelaifrappéepresquerienjusteaveclapommedelam
aincequinelaisseaucunetracepresquerienellemaregardétoutebizarre
maisjetejurequelleestrestéedeboutquellenapascriérienellemajustere
gardécommesijétaisunmonstrejaicruquelleétaitencolèrealorsjesuis
partijesavaisquesescolèresséteignaientrapidementsamèreestrentrée
deuxheuresplustardellelatrouvéelàtombéeàcôtéducanapémorteenq
uoinadègeestresponsabledetonassassinatjaieuenviedeluihurlermais
rienabsolumentriennesortaitlagorgenouéejenétaisparalyséabasourd
ifigédésespéréilmeregardaitjedevraisavoirlaforcedemeleverpourtet
abasserconnardmaisnonjaicomprisquejeneleferaispassansmêmepe
nserquilétaitsûrementenmesuredéviterlemoindredescoupsquejessa
ieraisdeluiporteraumoinscinqminutessesontécouléesdansunsilence
totaltunedisriencesttterribleaijemarmonnéouaisterriblemaisjemesen
smieuxdenavoirparlécestunsecretmecunsecretentrevraismecstuleg
ardesaufonddetoitantquejesuisenvieonnenreparlejamaissaufsiunjo
urjaibesoindenreparleraprèsdetoutemanièreçanauraplusdimportanc
ejaipensérienneserapardonnémaistoutseraoubliéavaisjelucettephra
sedansunromandemilankunderamaintenantquilsestvidédunpoidsil
nepensequàunechosemonsilenceàcetinstantjairevuaminamefrappa
ntenjanvieruncoupquejavaisréussiàparersamaingauchenaqueffleur
émonvisagemaisilsenestsuiviuncombatsurlelitoùellevoulaitmefrap

81

perdelarendreaussimalheureusefinalementjelaipousséebousculéeel
lesestcognéecontrelemuretjelatenaisaucouaveccommesimplesmots
tuarrêtesplustardellemavouaavoireupeurquejelétranglemoicequilm
erestaitcétaitlapeurquellesesoitmortellementblesséequandjelaipous
séeententantdelamaîtrisersijelavaisfrappéejauraispulatuercommek
aderatuéanaïsmaisjenelaijamaisfrappéemêmeencolèremoncorpsref
usaittouteviolenceetluiilacognécettegaminequiportaitleurenfantetil
veutunenfantdenadègeilmedégoûteaminamedégoûtenousaurionspu
vivreunemerveilleusefusionphysiqueetspirituelleelleatoutgâchéen
voulantfairedemoiunmoutoncommebertrandcommepatrickcomme
oliviertousdesmoutonsquidonnentàcesfemmesdesenfantsmusulma
nscommeelleslesouhaitentmaisouienexigeantqueleshommessecon
vertissentetenincitantlesfemmesàpartirenoccidentavecdesblancsun
egrandeetdiscrèteopérationdeconversionssexuellessedéroulesansq
uelonsenaperçoivecestterriblejaiajoutéetjesuispartinadègenétaitpas
encorerentréejenavaispaslaforcedelattendrecommentavaisjedéviéd
umeurtredanaïsàuneconceptualisationdunchocreligieuxdansnotrep
ayspourméchapperparanalogiequejenecherchaispasàpréciserjaimar
chétrèslentementenpensantàaminanevoyantquuneissuelaséparation
sinonellemetueravolontairementoumoiparaccidentnotrehistoireatr
opduréjenaiassezpouvaitilenêtreautrementelleacruquecommelesau
tresjemeconvertiraisohellenestplushyperexigeantesurledegrédecon
versionjustelefairememettreainsiendessousdelleexistetilunsoutrasu
runsemblantdeconversionpréférableàrienpermettantdefaireavancer
leschmilblickàlaprochainegénérationlesemblantdeconversionseraa
ssimiléàunevraieconversionladescendancepriéedesuivremerangerd
anslordredumondeoùilfautconvertirméthodiquementpuisquelesgue
rresdereligionssontbloquéesparlavancéetechnologiquedespeuplesà
vaincrenéanmoinscenefutpaspossibleunrappelàlordrevenuduberce
audelendoctrinementilmefaudraitsimplementsignerunpapierdansle
queljemedéclaraismusulman;ainsilafamillepourranousmarierpré
sencenonindispensableunpapiersuffitetsûrementquelquescentaines
deurospourlafêteennotrehonneursijeluienavaisparléelleauraitéclaté
deriremauraitaccusédêtrecontaminéparlesidéesdufrontnationaldep
uisquàregarderdeprèslapolitiquedesmalvymaurymiqueljenepeuxpl
usvoterpourcettegauchesijeluirépondsquàfermerlesyeuxsurlessenti

elpourseprétendrehumanistecettegauchefaitlejeudelextrêmedroitej
esuisnaturellementvictimedunconditionnementantimusulmancarce
stpournotrebienquilsveulentnousconvertiretilsacceptentlesloisdela
républiqueilfautêtremajoritairepourimposersaconceptiondeschoses
toutescesvignesauborddesroutestunecomprendspasqueçameblessei
lfaudraittoutraserraserlesvignesceseraittapremièremesuresituentrai
saugouvernementnonilfaudraitengarderunpeupourleraisinfraisdon
ctutrouveraisnormaldenousinterdirelevinpourlinstantvousnouslim
posezbienetvotrecochonsinousétionsmajoritairesceseraitnormalqu
elesloissoientadaptéestulecomprendrasquandtuserasmusulmanparf
oisaprèscegenredeconversationquandellemesentaitchoquéeelleajout
aittuvoisjepeuxjouerlerôledelaméchantejaimarchétrèslentementen
pensantàaminaquidevaitaumêmemomentséclaterensuperprofdefra
nçaisjesaisquetumaimesettusaisquejetaimepourtantonnesensortiraj
amaisvudetoncôtétuassûrementraisonquandtumesorsjedoissouffrir
parcequejaimeunnonmusulmanjesaisquejenepourraijamaistequitte
rjaiessayéenprenantcettechambreàprayssacmaisquelquechoseenmo
ilerefusedoncjassumemaisjeneferaipastoutcequetusouhaitesceserai
tfaciledeterendreheureuxjesaiscequiltefautmaisnonjenemeforcerai
plussoitonferalamourparcequejenauraienviesoitonneleferaplusjesa
isquilyaentoiunesincéritémaistunaurasjamaislaforcedassumertotal
ementtarévoltecontrelordremusulmansituesavecmoicestquetucherc
haisunnonmusulmancommetulascherchéavectonmaritesamantstes
amishomosexuelsmaisquandtuteprésentesdevanttafamilleiltesembl
eindispensabledenepascontrarierleurconceptiondumondecellequite
rassureégalementquandremonteladouleurdeladisparationdetonpère
jetecomprendsparfoisjesaisquetunespaslenvoyéedungrandplandec
onquêtedeloccidenttuesjusteunefemmeparfoismerveilleusemaisqui
nesestjamaisremisedeladisparitiondesonpèrequialuttécontreuncon
ditionnementjesaisquetunaimespascemotetpourtantjenenaipasdaut
restuasétudiémaistunaspastrouvéleraisonnementtepermettantdemo
inssouffrirlesreligionsrépondenteffectivementàunbesoinhumainde
sesécurisersurlavaleurdelavieetdelamortjauraisvoulutaiderçasertàq
uoiquetupeigneslecouloirlasalledebainslachambredécapeslevieuxp
ortailavantdevéritablementtintoxiquerpourquilresplendissetouten
mereprochantdenepastaidercenestpaslapremièrefoisquetumeprives

damourjevisavectoiparcequejetaimemaistantquetuneseraspasmusu
lmantunemetoucherasplustuasdéjàoubliémais48heuresplustardtute
serraiscontremoiettoutrecommençaitjusquàlaprochainecriseàquan
dlaprochainecrisevatonfairelamourceweekendjenaimarredevivreda
nscesincertitudescettepressionsijetebalancejenetaimepasjenetaijam
aisaiméeforcémenttuconsidérerascelacommeuneméchancetéundés
irdevengeanceavectonsensdesmotstumaimescommetunasjamaisai
mépersonneetjetaimedemêmelapreuvetumelarépètesassezsouventt
unasjamaisacceptédepersonnecequetuacceptesdemoietjedoisrecon
naîtrenavoirjamaisacceptéundixièmeduneautredetoutcequetumasfa
itdepuis2008parfoisquandmêmetulâchestunaimesquemonculmonc
orpsmaismespenséesmesvaleurstunenasrienàfoutremareligionmon
filstutenfousjenaimarrederessentirtonamouruniquementlorsquones
tnusjenetaijamaisréponduunsimpleouicettefusiondenoscorpsaurait
pureprésenterlaportedungrandbonheurtuasvouluenfaireunobjetdec
hantagepourmetransformerenmusulmanauservicedetonfilsparcequ
ilesttonfilsmaisencoreplusparcequetuaslimpressionderevoirtonpèr
elacomparaisondesphotosesteffectivementtroublantedèscejourjaies
sayédesauverluniondenoscorpsetnotrecouplenatenuquesurceprinci
peettapropreaccoutumancephysiqueàlaquelleunsentimentdeculpab
ilitéapportaitlecimentéternelunamourbétontonpèretayanttrahienéth
iopietuveuxquetonfilsenpayeleprixsouslinsultelefilsdelaputainjarri
vaisépuisémentalementvidéaminamemanquaitnousnedialoguionsp
lusvraimentpourtantilsuffisaitquellesoitàprayssacpourquejememett
eàluiparlercommejeluimanquaisetjelesentaisdanssavoixautéléphon
eaminamemanquaitsoncorpsouisoncorpsmaissurtoutetcestçaquelle
necomprenaitpascequiauraitétépossiblesielleavaitacceptédesecons
acrerànotrecouplecettefemmenemapporterajamaiscequejechercheu
namourséreinunetranquillitélosmoselharmoniequimaprétenduquel
evéritableamourcestjustementledéchirementlaconfrontationetfinal
ementlincapacitédevivresanslautreallonsnouscontinuerainsiencore
desmoisdesannéesjenenpeuxplustumasépuiséaminajenesuismême
pascapablederédigerledébutdelautobiographiedececingléjecompre
ndsquejetépuiseégalementpourtantyacemystèreentrenousceciment
ouietilatuéanaïsetilfiniraparuernadègeunjourjaurailaforcedetedem
anderdepartirdepartirjesaistrèsbienquesienseptembretuvisencoreici

onrecommencerapourunanavectonfilsauquelonéviteranoscolèresp
ourlequeltoiégalementtuferasdeseffortsavecmoienmedonnantunpe
udesexecommetudismaintenantquestcequilmaracontékaderlesboul
angeriessontferméeslelundiellenestquandmêmepartieàcahorsjustep
ourdelabriochejenesuismêmepascertainquelleentrouveraitlàbasauj
ourdhuijemesuisassisdevantlordinateuretmesuisréinscrissuracom
meamourcomjallaismaljenavaisconsciencemaisjenevoyaispasdissu
ejepouvaismerépéterquinzefoisilfautquellepartejemerépondaissyst
ématiquementjenseraiterriblementmalheureuxattachement

xxmardi13

kadereuphoriquemarcelluiaexpliquélamanièredemonterunmurenpa
rpaingsetdepercerunefenêtredansunmurenpierredanslegrandespace
de6mètressur12àlestlevieuxmaditquecestparlàetquecestlemieuxilv
aréaliserunechambrequatremètressurquatreseizemètrescarréscestbi
enpourunechambrequilmaditlevieuxenunesemaineceseraterminéje
teproposeraisbienmonaidemaisrienquedesouleverunparpaingçame
réveilleunedouleurmusculairedanslebasduventreducôtédroitcestlap
pendicitenonjaipassédesheuresdexamensçasestdéclaréquandjemes
uisessayéauxtravauxensoulevantuneplaquedeferquifinalementestre
tombéeaumêmeendroitcommequoilestravauxçapeutêtretrèsdanger
euxtumanquaisdentrainementettavaispaslescapacitéscesttoutmoije
saisquilnepeutrienmarriverjesuisunrocfortcommeunrocilmaditlevi
euxhierilaraisonnadègenavaitpasencoreparléhormissontraditionnel
salutstéphanejenepouvaismempêcherdelobserverdiscrètementdèsq
uekaderseretournaitjenaijamaisététrèsdouépourladiscrétionmaisrie
naucunsignedeconnivence

xxilacatastrophe

jainaturellementacceptédelaideràposerlafenêtredelachambretunecr
oispasquececeseraitmieuxdattendremonsieurhanintinquièteonvasedé
brouillerjaijustebesoindetoipourlamaintenircestquunepetitefenêtre
etnadjvérifieraquelabulleduniveauestbienaumilieuçavoudradirequ
ecestokquecestàniveaupasdeproblèmealorsprendsuncappuccinoil
merestejustedeuxtroisbricolesàpréparerjeterminaisledeuxièmeetla
quatrièmetranchedebriocheprendsbientôttuaurasbesoindénergiejep
ensaisàléchangeintéressantavecunefemmedemontaubanlaveillecert
esplustrèsjeune39anscomparéeànadègeetaminanadègejenespéraisp
lusrienelleétaitsûrementenovulationsamedietsafrénésieeestretombé
epeutêtrequelemoisprochainçaluireprendrailnefaudrapasquejeratel
occasionquandilyeutunénormeboumcommesiunrocheravaitdévalél
acollinepuisemportéunepartiedelamaisoncestlapenséequimestvenu
ekaderhurlaitaaaaaaaaaaahhhhhhhhhhhhhhhnadègesseprécipitaitjere
nversaismoncappuccinotandisqueputainjaijusteretiréunepetitepierr
ederiendetoutmeparvenaitlesdégâtsconstatéstunasmêmepasuneégr
atignuredèsquejaisentiquejenepouvaisplusretenirjemesuisjetéenarr
ièreavecdoublerouladecommedanslesvieuxfilmsennoiretblancento
utcaschapeaucarjecroisquàtaplacejauraisfinienbouilliefautdesréfle
xesdanslavieyaquemonsieurhaninquipourraitpeutêtrevoustrouveru
nesolutionentoutcassivousvoulezunegrandefenêtreàvotrechambrec
estloccasionjelappelleyavaitmêmelaplacepourunebaievitréetoutun
pandemureffondréilarrivaunedemiheureplustardohlechantieryapas
ilfautremontercemuravantquelerestepartesiunautrerangfoutlecamp
ilembarquelapoutresijavaisdixansdemoinsjevousdonneraisuncoup
demainmaislàavecmonbrasyaqueleholladaisquipourraitvoustirerd
affairemaisilvavouslesfacturerunefortunesescinqjoursdetravailmai
sjenevoisqueluipourtravaillerlapierrejeluienavaisdéjàcausécestlesc
rocdonttumasparléstéphceluiquivautpasmieuxquelenotaireaveclela
cetlescanardsmarcelsouriaitjenesaispassionpeutlappelerescrocento
utilnetravaillepasbeaucoupmaislargentrentreilsaitenprofiterquandl
esgenssontdanslamerdepourlesplumercommeonditlefriccestpasun
problèmemaisilfautquemonmursoitremontérapidementjyvaisnadjt
umaccompagnessicestunmecdifficileàconvaincretuluiexpliquerast

umeretiendrasjelesmettaisengardecestlemecenfrancedepuisaumoin
strenteansquivavouslajouerjeneparlepastrèsbienlefrançaispourvou
smenerenbateauvousemmenerdanssonjeuvouspiquerunmaximumd
efricnaturellementenliquideallezchérieonyvafaitescommechezvou
sjeprendsmasacochemonsieurhaninlasaitbourréedebilletsentoutcas
ilsouritenquelleoccasionatilprofitédelagénérositédenotrerichevoisi
npuisjenyaipluspenséjevaisvousramenerdesétaisquonmaintiennela
poutrecarsiellefoutlecampcestpasunesemainemaisdeuxmoisquilva
falloirjevousaccompagnemonsieurhaninohsivousvoulez

janjongbloedenpersonnejemexclamaisenlevoyantdéjààlœuvreehou
ijétaispourtantsurunchantierurgenttuagrandissaisencoreunpeuchezt
oimaispouraiderunvoisinentrevoisinskadertaoffertunephotodédica
céepourteconvaincrepourquoiilestplusconnuquetoijecroisquetupré
fèresladédicacedejeanclaudetrichetconnaispastuasfumédèslematinj
eanclaudetrichetcestleprésidentdelabanquecentraleeuropéennecelu
iquidédicacelesbilletseneurosjenenvoispassouventalorshumpuisqu
etueslàfaudraquondiscutedetonterrainpasseunsoirtumeproposeslep
rixdelaterrelabourableetilpeutêtrevenduuniquementàceluiduterrain
àbâtirtunaspasdaccèsilneserajamaisenterrainàbâtiretcommetoituen
asuntumelachètestroismilleeurosettulerevendstrentemillecestunbo
nplancestjustepourentreposerdumatérieljenevoudraispasquequelqu
unviennebâtiràcôtédechezmoipourtanttunelavaispasvenduletiendet
errainyaquelquesannéesmaistescompatrioteshollandaisontlaissépa
sserledélaiaprèsavoirobtenuleurpermisdeconstruireettulasrécupéré
nonjaifaitunemauvaiseaffairecestlemairerequitenaparléoulemarceljai
deuxpetitsdoigtsetilsontdespouvoirsmagiquesturéfléchirasparcequ
ejeteledistonterrainpasserajamaisàbâtirmêmesiquelquunmevolesys
tématiquementmesprunesquandellesnegèlentpasjaileplaisirdevoirf
leurirmesprunierscestdéjàçacommechantaitsouchonmaisjetelaisse
bossercarcestkaderquipayecestvraiquilyaduboulotsituveuxenéchan
gedetonterrainjepeuxmontersurtontoitsinonundecesjoursçavatarriv
erégalementsiunjourilmetombeunemétéoritedessusjetesoupçonner
aidoncetjesuisentrédanslacuisinenousnavonspastravaillécematinlài
lnoussemblapréférablequejannesoitpasinformédecettejeunessefran
çaise

xxiiienveloppe

nousnousétionsdoncvuslematinmaiscevendredi16marspeuavant13
heuresnadègedébarquaittoutsouriremetendantunelettreàsonnomoui
ouvrelefacteurvientdemeladonneretjemesuisdépêchéedetraverserla
forêtpourquoiestceàmoidelouvrirjereconnaissaislenomdulaboratoi
reolivotmariottidagenouvretucomprendrasjavaislhabitudedeleurpr
ésentationetsûrementcommençaisjeàcomprendreenpassantlesrésult
atshématologienumérationsanguineformuleleucocytairetournantla
pagepourdécouvrirsérologievihnégativesérologiededépistagedelas
yphilisvdrlnégatiftréponémiquenégativeelleafaitunpasettoutsestpré
cipitéaprèsnotrepremièreuniondébutéedeboutetterminéesurlecanap
éjailutesromansetlechapitresurtonangoisseàreimsunmatinenneigéd
enovembremamarquéjairetenuquetunevoulaispluspprendrelemoindr
erisqueetjenesuispascertainequetuauraisrésistéavecmesbrastotalem
entouvertspourtoilesoircefutunplaisirdaccueilliraminaausondunten
dremonamourjeluiavaispréparéunrepascequinarrivaitpresqueluste
llementnosrelationsdevenaientirrespirablesmêmepourlepeudetemp
squellepassaitsousnotretoitouimoiaussijepouvaisdoncmentiroupplut
ôtcacherlavéritélesamedicestdanslagariottequenousnoussommesre
trouvésjévitaisdepenserànotrecomportementouicocufieraminamep
laisaitmaisellecerteskaderlavaiteuegrâceàunpiègeetlepabloellemel
avaitdécritcommeledignefilsdusophistecarlocommelediplomateita
lienen2010jesurfaisduneblancheàunenoireunefoisçavamaislesame
disoirdéjàuneénormeperturbationmetombadessusjevoulaisjustebai
sernadègeetcestavecellequejemesensbienetcestenmonofficielleque
jailimpressiondecommettreunactemalsaindetrahirlamourmêmelalc
himiephysiquesemblechangerdecorpsaminacesoirlàfutuneétrangèr
eetnotreunionressemblaplusauxrelationssexuellesdemajeunessequ
ànotrefusion

kaderétaitpartidurantlanuitpourarriverledimanche18marsaugrandp
alaisportedeversaillesoùilpensaitjouerlavedettesurlestanddamazon
lagrandecuriositéannoncéelapremièreparticipationdugéantaméricai
nausalondulivredeparis80m2iladoraitroulerlanuitsurcepointégale
menttoutmoncontraireilchangeaitlesplaquesdesavoitureetfonçaitàp
resquedeuxcentskilomètresheurejemesuislevétôtetaprèsunedouche
proposaisàaminademaccompagnerpourunelonguemarcheellerefusa
fatiguéeetencoretroispaquetsdecopiesàcorrigercefutunemagnifique
matinéedamoursûrementnotrepluslongueconversationdeces19jour
smespenséesmontinquiétéjavaislimpressiondavoirentendutoutcelat
ellementdefoisdépasserquaranteanscestdevenirsceptiqueauxrêvesd
unejeunefemmecétaitbeauellerêvaitdamourpuretsincèrefusionnelet
éternelmaisjavaisladésagréablesensationquelaréalitésechargeraitde
nousinterdirelaccèsdunetelleutopieetmêmequenousvivionslànospl
usbeauxmoments;jenepouvaismempêcherdereveniràcesjoursaucha
let;ouinousavonsvécudemerveilleuxmomentsaminaetmoietellaato
utgâchéavecsonexigencepuissestrahisons;quifurentsûrementinévit
ablespourelledanssonétatdespritdamoureuseincapabledesedonnerà
lamouretvoulanttoutdétruirepourneplusypenser;nadègejenepeuxpa
stavouerquejemedemandecommenttuvastoutgâcher;commeaminal
estdesareligiontuesprisonnièredekaderjelacaressailadévoraisjavai
sconsciencedevivreuninstantparadisiaquedelanécessitédeprofiterd
echaquesecondecetteconsciencemedérangeaitcertitudedavoirperdu
unecertainespontanéitéenmêmetempsjemerendaiscomptedêtresiso
uventpasséàcôtédelaconsciencedubonheurdemenêtrerenducomptet
roptardjevivaisencoreplusintensémentquavecaminaauchaletlexpéri
enceongagneencapacitédappréciercequelonperdenspontanéitéjenai
pasledroitdemeplaindrejesuisheureuxmêmesilfallutbienrentrerami
namemontrasoninquiétudeostensiblementjavaispeurquetusoistomb
éengrimpantsurlacollinetuasencorerecherchéundolmenquejemeurea
vantuncontratdemariageauderniervivantjecomprendsqueçatangois
saittumecroisvraimentintéresséenonsinontunauraisjamaisquittéunb
laireauenpossessionduncontratdexpatriéà6000eurosparmoispouru
nécrivainsousleseuildepauvretémaistucroyaisenlamourencetempsl

àettupensesquejenycroispluserosüberalleslamouraudessusdetoutje
vaiscorrigermescopiestuétaisinquièteaupointdenepaspouvoircorrig
erdescopieskageraatéléphonésasœurestdeplusenplusmalademaisje
saisquetutenfousdesafamilleencoreplusquedelamiennetunétaispase
ntraindemeparlerdamoursiletéléphonesonnetuveuxbiendécrocherc
arelledoitmerappelerpourmedonnerdesnouvellesmaisbiensûràtons
ervicejauraispeutêtredûemporterunsandwichetpasserlajournéeenba
ladepuisqueçavaencoreêtreundimanchechacundesoncôténerecom
mencepasjaidutravailjesaisetcematintuavaiskageraautéléphonearrê
tedêtrejalouxdemesamiesjenelesvoisjamaisjesuistoutletempsavect
oisaufquandtuesàprayssacàaddisabebaouailleurstunevaspasrecom
menceretnhésitepasàmécrireunelettredamourjelaliraiavecattention
quandjerepenseàcegenrededialoguejemetrouvenaturellementfautift
ropprovocateurmaisilmesuffitdelenglobberdanstoutcequefutnotrehi
stoirepourmejugernaïfetplussicruautémaismoinsenresituantdansun
contextedecompréhensiondelanaturehumaineoùaminareprésentait
unétrangecasdobservationdansmaquêtedunpersonnageféminintirai
lléentredeuxculturesmalheureusementinconciliablesdavoircontinu
éaussilongtempsensachantqueçanemèneraitnullepart

xxvlaconfiancedekader

kadermeracontesadéconvenuejaiimmédiatementlimpressionquilap
assélanuitàbassinerainsinadègelesconstoussenfoutaientdesécrivain
scequilsespéraientcétaitobtenirunkindlegratuitlesjournalistesencor
epirelekindlegratuitetnousonétaitlàcommedesconsilsnousavaientd
emandédenousasseoiretquedeslecteursviendraientnousposerdesqu
estionsilétaitégalementprévuunshowaveclesjournalisteslesconsilss
ensontcomplètementfoutudemoiyavaitunmecavecnousjournalisteé
galementalorssescollèguesvenaientversluiilleurrefilaitundossieretà
chaquefoisdemandaitladressemailjetenvoietoutçademainetlasemai
neprochaineenexclusivitétuaurasmonprochainromanetnhésitepasle
jouroùtusouhaitespublierennumériquetumenvoiesunmessagejetex
pliquerailesficellesdecenouveaubiznessonauraitditquillesconnaiss
aittousondiraitquelesjournaleuxyaqueleshouellebecqetangotoulaut
relabelgequilesintéressentsinondèsquilsvoientuncherconfrèrecestp
ourcauserbonsplansavecyaquecetauteurjournalistequimavraimentc
auséenplusilvoulaitsavoircommentjavaisfaitilapourtantobtenuplus
demédiasquemoietmalgréçanapasréussiàmedétrônercommeilrépét
aittristementjaibiencomprisquilessayaitdetrouvermabonnecombine
alorsjemesuisamuséavecluietjaifiniparluiannoncerquejallaistoutra
conterquejécrivaismonautobiographielesconsilsveulentquonleurm
ettetoutdanslebeclàlesautresécoutaientégalementjeluiaidemandésil
teconnaissaitcestdinguestéphaneternoiseautoéditionpointcomlerév
olutionnairedemontcuqquiltesurnommealorsjaiégalementquestion
nélesautrestousysontpasséssurtonsitetousontlutesinformationsjétai
sépatéquetusoisconnualorsquetuvendsdesclopinettestasvraimentlai
rdêtreconsidérécommelespécialistedelautoéditionmaistoussesontà
unmomentméfiédetoiilsonteupeurquetufassesuntabacsuramazonils
trouventcommemoiquetunesaispastyprendrequetuestropengagéenf
aittuaseutortmecdedonnerdesrenseignementsàcegenredauteursilso
nttouspenséàprofiterdetoietpasunnetarenvoyélascenseurilsemblaitt
rèsénervémaisvingtminutesplustardalorsquenousétionssortisqueje
partaisilseconfiacestsurprenantmecmaisjaiconfianceentoijetedonn
elenumérodemamèresiunjourilmarrivequelquechosefautquetuluira
contesquetuluidisestoutcequelletedemanderamêmedesbanalitésetq

uetulécoutessielleaenviedeteparlerjaivuquetusaisécoutermoijaisuje
nesaisplusdepuislamortdadamjenécouteplusquemoijesaisquecestra
rederencontrerquelquunquisacheécoutertuesuneformedesagemectu
saissijétaisrestédansle93monespérancedevieétaittrèslimitéejétaisle
bossetendessousilssontnombreuxàvouloirlaplacefaridilsecomporte
déjàcommesijelavaisintroniséjaisupartiravantdêtredétrônémaisonn
esaitjamaisquandjypenseàmonavenirjesensdesmauvaisesondesjene
saispasdoùilvavenirmaisjailimpressionqueloragevametomberdess
usetmebroyermoussamoussacétaitcommeunfrèrecommesilétaitlàp
ourremplacerlegrandfrèredisparucétaituncousinilmavaittenuàpeup
rèslemêmelangageetilaétéabattuquelquesmoisplustardpourunecon
nerieunehistoiredegonzessejetavoueuntrucmecnadègeétaitavecunri
talilseramortavantlafindumoisdiscrètementçadoitpasserpourunacci
dentpournepasentraînerdereprésaillesrallumerlaguerredesclanscett
enuitonfaitunsautlàhauttunemeverraspasdemainmatinetonreviendr
aenfindesoiréecesthiersoirenrentrantquandjemesuisarrêtéàLimoge
sprendreunsandwichquejaicomprisunflashilétaittroptardpourfaired
emitourjavaisappelénadègepourluidiredemattendrequejarrivaisetce
seraloccasionpourelledevoirsamèreofficiellementjyvaispourvoirla
miennemaisjaiconvoquéleconseildesministresilfautquilsluifassentl
apeaudiscrètementsinontuvoisjenedormiraijamaistranquillejesuisc
ertainquecestluilàquimeperturbeilmenvoiedesondesnégativeslesita
lienssontcommeçailstepourrissentlavieavantdetetomberdessusyapa
squedanslefootquilfautsenméfier

xxvilestroismecsdenadège

questcequevousavezlesmecsavecmoituasvucequilafaitlautrepourm
avoiretpourmerécupérerpabloquisecroittoujoursmonfiancésemblep
rêtàtoutettoidanstoutcelaenyrepensantjauraispuenchaînerbienautre
mentlaquestionnersurcetexsurlesempleprêtàtoutellemauraitalorssû
rementcommuniquédesinformationsquimauraientensuitepermisde
comprendreetpeutêtredéviterlepireterriblederepenseràcespetitesch
osesquoncroitanodinesuntrucbanaljaimeraisêtreaiméepourmoipou
rmespenséesmapersonnalitéetnonpouralorsbienquejesoisdéjàplutô
tdétérioréjaimeschanceslessentielesttoujoursinvisibleauxyeuxetam
inaellepassesesnuitsàprayssacquandsonfilsvivaitavecnousellenaja
maischerchélasolutiondunechambreàcinquanteeurosparmoisdansle
collègealorsquelleparcouraitchaquejoursoixantekilomètressurdesr
outesnettementplusétroitesdangereusesmêmetucroisfinalementque
lleaunamantnonelleasuffisammentdonnécestsimplementqueouices
tpluspratiquepourellejouerlareineducollègedydormiretfaceàcebeso
indeparaderlanuitdansmesbrasnefaitpaslepoidsjenesuispasvitalàse
sjoursnousnesommesplusuncouplecimentéparlamourdoncsonpass
éreviententrenousmaistoisituregardessousuncertainanglejemecom
porteaveckadercommeaminasestcomportéeavectoimêmeenpirepui
squejaichoisilemecenquiilavoueunetotaleconfiancepourtantjenaipa
slimpressiondêtreuneputainkadernemaeuequenmepiégeantetdepui
sjesuissaproiesijelequitteilmetuejesuisprévenuesilnoussurprendiln
oustuesûrementilmetuemaistoijetinnocenteraisijenailetempsarrêter
desevoirseraitsûrementplusraisonnablejenaipasledroitdemettretavi
eendangermêmeenmillusionnantquentretoietmoiçapuissedevenirp
ossibleunjourahsilpouvaittomberamoureuxdaminatutesenscoupabl
evisàvisdellejaieulimpressiondetetromperavecellemonamourjecroi
squedujouroùjaisuquellemavaittrompécétaitfinientrenousavantjecr
oyaisquesoitçapasseraitsoitçafiniraitnaturellementsanscriniviolenc
eensseptembre2010quandelleclameraitdenouveaulimpossibilitépou
runemusulmanedevivreavecunnonconvertijenemevoyaispascontin
ueralorsquonseconnaîtraitdepuisdeuxansàsevoirdurantlesvacances
scolairesetquelquesjoursdetempsentempsquiplusestendevantparco
urir140kilomètresouenlarécupérantàlagaredecahorsetaprèssonaveu

95

ilnyapluseupourellequunmoyendememontrersonamourvivreavecm
oietjemesuislaisséentraînerouilatrahisontuedéfinitivementuncoupl
ejecroisquetuasraisonmoncoupleaveckaderaexistécontremavolonté
jeviensdedétruiredanstesbraslepeudeconsistancequilavaitobtenuqu
andilmapromisdesecomporterenhommedignemaisjenaijamaiscess
édelehaïretjignoretotalementcommentréussiràmenséparerjetecomp
rendsmêmemoijecherchelesmotspoursignifieràlaminatudoispartir
mêmesijejenesaispascommentmexprimersijepeuxvasyjepenseavoi
rdevinétacraintedevantmonsilenceelleajoutaittutedemandessidans
dautrescirconstancesjeseraisavectoihochementdelatêteetsourireattr
istékaderrépètesuffisammentsouventquetuaslâgedesonpèrepourqu
ejenepuisseignorernotredifférencedâgejaiperdumonpèrequandjava
issixansdoncjecherchepeutêtreunpèredanstesbrascommelaminadan
sceuxdecarlojenesaispasmaisyaunechosequivapeutêtretesurprendr
equandjesuisdanstesbrasjenaiabsolumentpaslasensationdunediffér
encedâgeaminaavaitonzeansdemoinsquemoiellesouriaitjemesuisre
nducomptedecetteutilisationdupasséouiceaminaavaitonzeansdemo
insquemoicestbienlaréalitéelleatellementdisparudemonfuturjenaija
maisressentilamoindredifférencedâgeellemavaitcertespréciséqued
anssacultureunhommeplusâgédedixanscestnormalcarunefemmevie
illitplusvitemaisjenauraisjamaisosétavouerquemalgrécesvingttrois
ansdécartjemesensdumêmeâgelâgeencoreuneinventionsocialeune
manièredenfermerdansdescasesmaisilestrarequunefemmedetajeun
esselecomprennemalheureusementjaidûvieillirtrèsvitelamaturitéde
senfantsabuséscommerésumentlespsysmaispeutêtrequenfinjevaise
nêtrerécompenséejenaipasledroitdequitterkaderjesaisquilnhésiterai
tpasàliquidermamèreetmebuttercarcestlafactureannoncéeencasder
uptureducontratcommeiloseprétendremaisilyapeutêtreunepossibili
téellesouriaitmesentaitencorepluspenduàseslèvrescestquilmequitte
silenarriveàpenserquilperdsontempsavecuneconnecommemoituarr
iverasàjouerlesconnesilmesuffitdeprendremodèlesuraminajenelai
mevraimentpastumecomprendsmonamourcenestmêmepasquellepa
ssesesnuitsavectoiquandelleleveutmaiscestquelletatrahirendumalh
eureuxnadègeahsitulatrouvaiscettesolutioncestdouloureuxdesesent
irincapabledetaiderelleycroyaitjycroyaisjétaissoudainpersuadéque
nousfinirionsparréussir

cequejenecomprendspasmeccestcettemaniequevousavezderépondr
ejaienviedelireoupirejaibesoindelirequestcequeçatapportejaisouril
evélesmainsécartéesauniveaudesjouesilaenchaînénadjcestpareilell
esourittuvoisjelalaissetranquillejesaisbienquelesfemmesilnefautpa
stropessayerdelescomprendremaistoitesbienunmecpourtantalorstuj
ouesàquoicestpourtedonnerungenrepourapprendreàécrirecommeeu
xnadjjelalaissetranquilleavecçamaisjaimeraiscomprendretucroisqu
enfaitcestparcequejemoccupepasassezdellecommeaminanesoccup
epasassezdetoilireécrireetfairelamouretlecorpsabesoindedormirma
ngeretmarcherlavieidéaleselonmoielleserésumeàçaaminanecompr
endpasquandjesuistombésurunpassagedebernardhenrilévyavecune
motivationidentiquedanssacorrespondanceavechouellebecqjeluiai
montréelleaconsidérécetteapprocheabsurdelireouimaisilluifautdu
mouvementserendreutilevoirsesamissoccuperdesonfilsdesenfantsd
esautresmaistuvoislelireellelecomprendquoiqueplusjelobserveetpl
usjemerendscomptequellenaimepasvraimentlireelleaimesedistraire
enlisantserveposerenlisantjaideplusenpluslimpressionquellecherche
danslalectureànepluspenserouàpenseràautrechoseellemerappelleg
wenaëllequimavaitexpliquésarelationdesimpledistractionàlalectur
epourtantintensiveellelitpourlhistoirepoursedivertirpaspourapprof
ondirunepenséeouunstylejignoreoùsesituenadègedanstoutçatuvoisl
ejaimelirepeutregrouperdesapprochestrèsdivergentescestduchinois
pourmoitontrucdedétergentemaintenantlaprèsmidiellevadanslaforê
tsinstalledosàunarbreetpassedesheuresàliretandisquejebétonnejene
luidemandepasdevenirmaidermaisquandmêmeellemejurequedesap
puyercontreunarbreetlirecestmerveilleuxellemamêmeparléduliene
ntrelepapieretlarbreellepourraitpourtanttéléchargersursonkindlema
isellepréféreramenerdemontaigudestasdebouquinsilvafairefortune
avecellelelibrairetusaisquecestpasunequestiondefricmaisdansnotre
chambreyadéjàunénormetasjaidûluipromettrequonpasseraitàlappar
tementquelleoccupaitaveclautrepourramenertouteuneétagèredepap
iers!onprocéderacommepouruncambriolagequoiquejauraispréférél
ecroiseretlebutterenlégitimedéfensemaiselleneveutpaslavoiturevaê
trerempliedebouquinsmaisjenepigepastastesidéesjailesmienneselle

97

alessiennesalorsçavoussertàquoicellesdesautressonquestionnemen
tétaitdoncsérieuxcequidénoteaumoinslavolontédecomprendrelafe
mmequilavaitpiégéequapportelalectureàunêtrehumainjauraispudév
eloppersurlalittératuremaisjelesavaistellementloindetoutcelaquece
nétaitincompréhensiblepourluijeluiaiconfiéjesorsdunepériodetrèsd
ouloureuseoùjenepouvaispluslirejesuisencoreenconvalescencejedé
butedenombreuxlivresetlesarrêtecequinemarrivaitjamaisavantdura
ntdouzemoisjaiétéincapablemaisalorsincapabledelireçamesttombé
dessusquandjaicomprisquenmars2010toutesmesnuitssanssommeil
passéesàlirepourévitercescauchemarsoùjelavoyaisbaisercétaitsimp
lementunefuitedevantcetteréalitéouijeressentaiscequisepassaità100
00kilomètresetplutôtquedeluicrierstopjeplongeaisdanslalecturejen
epouvaispascroirequecétaitvraijepensaisvirerdansunejalousiemala
divejenvoulaisàmoncerveaudoserainsisalirsainteaminalafemmelap
luspurequisoitcellequinepourraitpasmêmeaccepterquunautrehom
mequemoivoiesesseinsouijenétaislàdeschosesnefonctionnaientpas
entrenouscetteexigencedevouloirmetransformerenmusulmanmego
nflaitmaisuneconfianceabsoluesétaitincrustéeenmoialorsjelisaisjel
isaisjelisaisetellemécrivaitmonamourcequisemblaitcorroborerlidée
dundébutdefoliechezmoijaicrudevenirfoualorsquandjaidécouvertle
contenudesesnuitscefutunblocagetotalellenelajamaiscomprisellem
eparlaitdaveniralorsquelleavaitdétruittoutepossibilitédeconfiancee
llemeparlaitdêtremusulmanalorsquêtremusulmanellemavaitmontré
quecestmettreenconfiancelautrepourletraînerdanslabouedèsquilale
dostournécestquelquechoseenmoilebesoindeliresitulebrisestumebr
isesçadoitêtrepareilcheznadègejétaisdansungrandétatdeconfusiono
uaisjecomprendscestcommeaimerlabièreoulechocolatjenétaismêm
epassurprisdunetelleconclusionfinalementcestpeutêtretoutsimplem
entçamercimectuvoisjaipastoutsuividetoutcequetumasracontémais
jecroisavoircomprislessentieljelalaissevivresavieavecsesbouquins
etlejouroùellenauraplusdeplacepourlesrangeronferaungrandfeu

xxviii19joursdebonheurpresqueparfait

duvendredi16marsaumardi3avriljaiparfoislimpressiondavoirvécul
esplusbeauxjoursdemavieponctuésdunenuitpresqueidylliquele20bi
enquelesoirsoitdéjàtombéàleurretourelleavaitéprouvélebesoindem
archertandisquilprenaitunedoucheelleavaitcourujusquicietnousnou
sétionssauvagementunispourlapremièrefoisdemaviejaiconnulamo
urensecretladultèreestcelaraisondecetteimpressiondimmensebonhe
uralorsquejaitoujourscruchercherunamourpouvantsevivredansladu
réecommeaminapalpitaitaveccarloellejouissaitdem'écriremonamo
uravecenellelespermedesonamimourcestaujourdhuiquejecherched
esraisonsàcebonheursurlemomentcenétaitquunplaisirinsouciantco
mmeaminaetsonétalonitalienilsagissaitjustederendrepossibleleren
dezvousdulendemainmalgrékadermalgrémonamourpoubellejesais
biennotrepropensionàidéaliserlesdébuts

xxixrévélationssuramina

le21nadègemeracontaaminaetcarlovusdelaconfidentelaconfidentec
estlerôlequilluiimposaquandelledevintsafuturebellefilleaveclintent
ionparfoisavouéedelatransformerenconfilovecommeaminafutlami
mourcommeelleauraitvoululeresternaturellementcenétaitpascelare
steramisausensquellesouhaitamimposerenmai2010maiscétaitbienc
equelleluinotaitnepaspouvoiraccepterdanssalettredu3avril2010une
amitiéetprofiterdesbonsmomentsdèsquel'onauraitloccasiondesevo
ircarjesuissibiendanstesbrastoutcequejaireçuillaluiltransmettaitsyst
ématiquementànadègelesmessagesquaminamenvoyaitsemoquantd
eladindequijouedoublejeucommeparaîtiltoutdiplomatedignedecen
omilavaitinstallésursonordinateurunlogicielrécupérantlesmotsdepa
sseetlepremiersoiraprèslavoirbienconsomméeileutenviedunedouch
etupeuxnaturellementutiliserlordinateurmaprincessecequellefitim
médiatementetcestdechezluiquellemeracontasamédailleelleavaitpa
rticipéàunecoursedefemmesnaturellementauprofitdunecœuvrecarita
tivesonfilsétaittrèsfierdelleellenhésitapasàprétendrequelemailsétait
bloquélaveilleausoiràcausedunecoupuredélectricitéilyeutdefréque
ntescoupuresdurantcettepériodelasemainesuivantecestégalementde
chezluiquelleréponditàlundemesmessagesoùtellementperturbépard
escauchemarsjavaisfiniparluidemanderdesnouvellesdesonvaginja
maisjenaiimaginélepireduneréponseenapparenceintimecommeonn
enécritquàsonamourilestirritémaisilnapasdodeurouiellelereconnutl
ebelamilavaitbieninforméeduneabsencedodeurnadègeavaittoutlud
eleurcorrespondancequejaifinalementrécupéréeenaoût2010avecles
confidencesdugrandmanipulateurilsemoquaitdeluiavoiraurestaura
ntrécitédukunderaletoutcestdêtrecommeonestdenepasrougirdevoul
oircequelonveutdedésirercequelondésireplusquetoutilfautoserêtres
oimêmejeteledéclareaminadepuisledébuttumeplaisetjetedésireillui
avaitjusteajoutéquelquesgouttesdanssoncocaaprèslavoirbaiséeune
premièrefoisquandelleparlademoimaisquandelleluiavaitréponduqu
elleavaitétésubjuguéeparsonintelligenceetsonentrainileutundoutea
vaitelleégalementretenulaplaisanterieetjouélerôledhélènecherchait
elleàvivrecommedanslesromansquelleavaitaimésinterrogationproc
hedelamiennequandjapprisquenmars2010ellelisaitbelleduseigneur

ellematoujoursrépliquéqueçanavaitrienàvoirquellenavaitjamaisété
unefemmeintéresséeenquêtedundiplomateaisécétaituncoupdefoudr
eunebellehistoiremêmesiellemaimaitencorecommejedevaislecomp
rendrealorsilfallaitmequitterjenepouvaispasjetaimaistumaimaisjeta
imaismaisilfallaitquetumetrompesjecroyaisquetunemaimaisplusjet
attendaisettécrivaischaquejouretpourtantjenetaimaispluscestfacile
desementirpourtrahirsansétatdâmeettuaseutesaffreusesdouleursauv
entrequetumeprétendaisprovenirdustressdelapprocheduconcoursda
nstesmailsmaislàquandtutetordaisdedouleurtunepouvaisplustemen
tirtuvoyaisuneputaindanstonmiroirarrêtecestdelhistoireanciennejer
egrettejeregrettetoutarrêtedemetortureraieconfianceenmoimêmece
carloofficiellementsansillusionsurlanaturehumainesansétatdâmesu
rlesmoyensquandonsestfixéunbutéprouvadesdifficultésàcomprend
resatotaleabsencedescrupulesetdemoralitémotpourtantcontinuelle
mentdanssaboucheaprèslavoirdemandéenmariagele3avrildansunm
aillepluslongetcharmantquunefemmeluiaitenvoyéluiavoiroffertune
merveilleusenuitle6elleavaitpusansdifficultécommeprévureprendr
elavionle12etseréengagertotalementavecmoicertesaprèsdesaveuxq
uildevinaitédulcorésmêmesiellleosaluiaffirmerjeluiaitoutavouécefu
tterriblemaislamouratriomphénoussouhaitonsnousengagerlunenve
rslautrecequetuasrefusédefaireilacomprisenlisantnoséchangesquell
eavaitréduitle14leurhistoireàuneerreuranciennesubmergéeunenuit
maisjenysuispasretournéeilsestquandmêmeposélaquestiondesesvér
itablesintentionsjauraispuycroiremêmemoicarloàsagrandelettreda
mouravecdemandemariagetuterendscomptemoicarloellemavaitépa
témaisjesavaisbienquellenétaitquefemmeafricaineintéresséepetitet
richeusebeauculespritmaladefinalementtoutcelaconfortemesconvic
tionsquilnejamaisfautcroireunefemmeilfautdespreuvesdamouretno
ndesmotsdamourparfoistumalmeconsidérermaisaucunefemmenem
enadonnésnadègesarrêtaouijaicomprisilétaitlenuméro1jétaislenum
éro2etlenuméro3larécupéreraunjourmêmelorsquelleluiaprétendusê
treréengagéetotalementdansnotrecoupleelleluilaissauneporteentreo
uverteilluisuffisaitderépondreilyaeumalentenduentretoietmoicarlo
neparlepastoujoursbienfrançaiscestcequitoifairemalcomprendretus
aisbienquejourtondivorceetmienprononcésnouspenseraubeaumaria
gemalheureusementpasavantjeluiaibalancéunjourtuasacceptédêtre

saputainetensuitetuauraisvouluêtresafemmefinalementilaeuraison
deconsommerlatraînéedaéroportelleavaitrépondutouteimbuedorgu
eilonvoitquetuneleconnaispasjignoraisalorsquejauraispuluirépondr
emaisluitavaitbiencernéeetmalheureusementilapréférételaissermen
fonceruneaiguilledanslecœurplutôtquedelatolérerdanssonpiedilna
mêmepaseulenviedecontinueràtebaratinerpourtebaiserencorequelq
uesmoisavantvosdivorcesilenavaiteuasseztuneméritaispasplustucr
oisquelleretourneraavecsonexmariquandelleauraépuisétoutessesill
usionsdamourquandlargentdeviendraunproblèmeinsolublecomme
ceconcroitquilestdesondevoirdevivreaveclamèredesonfilspuisques
espropresparentssesontremariésaprèsleurdivorceelleyretourneranat
urellementellenepourrapasvivredevantcellesetceuxquisaventalorsil
srepartirontàdjiboutioùelleluipromettradenejamaisletromperetnatu
rellementtoutrecommencerailsuffiradunvieilélégantaubaratinbienr
odéjailimpressiondeparlerduneétrangèredunefemmeconnueilyades
annéesjenecroyaispasquellemétaitdevenueàcepointétrangère

xxxlacampagne

jaitoujoursvécuenvillejenemesuisjamaissentieattiréeparlacampagn
eavecmamèrenousavonsunpeuvoyagéjepensaisquenousallionsàlac
ampagnequandnouspassionsquelquesjoursdansunvillagecommeno
tédanslesbrochuresjétaismêmedéjàvenuedanslelotàrocamadourmai
scesbourgadestournéesversletourismejecomprendsquecenestpascel
alacampagnejaiachetélelivrequetuaspubliésurnotrevillagejauraispu
teletransférersurtonkindleetjemerendscomptequejeneconnaisquasi
mentriendetescentsphotosoùsontcesruisseauxcesruinescesarbresce
spierrescesangleschanfreinéscesfoursàpaincelinteauàaccoladecelui
enbâtièrelagariottejelaconnaisjaimeraisquonpuissemarcherdesheur
esdanscescheminsjaimeraisvivreavectoiriennemeprédestinaitàaim
ercegenredendroitmaisjecroisquilyavaituntéldésirdefuiteenmoiquil
mefallaiteffectivementunlieutrèsdifférentdelavillequandjemimagin
aisdisparaîtrepoursortirdeleursgriffesjemeprojetaistoujoursdansde
grandesvillescommeandrébretonjepourraisprétendrequandjaivucet
endroitjaicessédemedésirerailleursvastuconnaîtrelemêmechemine
mentmaisilsembledécidéàrestericietsaseuleprésencebrisemesrêves

xxximardi27leretourdamina

nousétionsnusquandlavoituredaminasarrêtadevantlachambreunret
ournonprévupourmoivisàvisdelleçaneposeraitpasdeproblèmequen
otrehistoiredevienneofficiellemaispourtoidoncpournousonfaitcom
mentjecroisquilvautmieuxquonshabileenvitesseetquejailleluiouvri
rdanslacourtandisquetusortirasparlacaveetilenfutainsitonretourmes
urprendjespèrequiltefaitplaisirtuvoisjefaisuneffortpourtoijaimerais
quetulecomprennesquuncoupleviveensemblecestuneffortpourtoi;t
uassûrementdeschosesàpréparerpourtongrandvoyageoutudevaisren
drelescopiesquetuaslaisséessurtonbureauquelaccueiljetedérangejes
sayaisdavancerdanscettepiècedethéâtredelafemmequiécritmonamo
uràlhommequilattendenfranceetquidemandeenmariagesonamimou
ràaddisabebaçarecommencejauraismieuxfaitderesteràprayssacpuis
quetucontinuesàvouloirmetortureraveclepasséjetesignalequalorsqu
etonfilsdevaitvenirenfranceturetournesàaddisabebaoùtumavaispro
misdenejamaisremettrelespiedscesttoiquimetorturesavectonthéâtre
desindignitésarrêtedêtrejalouxdemonfilsmaisouien2009cestégale
mentpourtonfilsquetuyallâtàlimparfaitdusubjonctifetaucorpsàcorp
setnonaucorancestdanslepieudesonpèrequetutallongeâtsansculotte
etcestaveclemecdesafuturemaîtressemademoisellesophietacopined
esalledegymquetuasensuitecouchépourêtreprèsdetonfilsjenesuispa
srevenuepourmedisputermaisnontuesrevenuepréparertonvoyageal
orspréparelevavoirsurplacecequetuasfaitdetonfilsvavoirsophievala
supplierdenepluspenseràluicommelefilsdelalesgensnesontpascom
metoiilssaventpardonnertuparlesdetoiquiaspardonnéaupèredetonfi
lsquandtuluiasdonnéunaccèsdirectpourtepardonnercomplètementd
anstatêteoùcontinuaitàtournertonincapacitédeluiavouerquetuavaisc
ouchéaveccecherphilippeetnonjusteflirtétonfilsnyestpourrienmaiss
itunelavaispasfaitpourmoituauraisdûlefairepourluipuisquepourmoi
ilétaittroptarddèsseptembretuavaistoutdétruitpourneplusmedonner
damourtuterendscomptejaiacceptéquetufassesdemoiuneputaindans
tespiècesdethéâtreettuosesprétendrequejenetaipasmontrédamourje
nairieninventéjaisimplementajoutédansdespiècesexistantesunemo
minapuisquetumasdemandédenepasutilisertonprénommaisjenairie
ninventéniaggravéouijaiététraînédanslabouedaddisabebaouidèsque

104

tuyesarrivéetuascherchéàdétruirenotrecouplemaistuaseutellement
malauventrequetuascomprisquunepartiedetoinelevoulaitpasçaneta
spasempêchédenprendreundeuxièmeetdetoutemanièresituavaiseul
etempsdefaireuntestvihtunemenauraispasparléle14avril2010tuaura
isfaitcommeendécembre2009quandtumaslaisséteracontercecauche
mardetadanseduvagindevantdeshommessansmêmepleurerdansmes
braspourtexcuserdecequetuavaisfaitaveclepèredetonfilsetdecequet
uavaisenviedefaireaveclediplomateitalienquivenaitdetefaireoublier
quetuavaisdanstonordinateurlerésultatdetontestvihonladéjàeuecent
foiscettediscussionjesuisfatiguéedetesinsultesfatiguéejenenpeuxpl
ustumépuisesquestcequetuattendsdemoiquetupartesdecettemaison
puisquetuesincapabledetenirtespromessescestcequetuveuxcesttoiq
uileveuxenretournantlàbascommesicenétaitpaslaterredetespiresind
ignitéstuosaismappelermonamourquandlemonsieurdéposaitsapetit
epoulelevéepourlanuitetquilappelaitprincesseparélégancejemesuis
excuséedecequejaifaitouijesavaistoutquandnousavonsvécuensemb
lesaufquejailutesmailsetquejemesuisaperçuquetuavaisencorementi
enprétendanttoutmavouerenjurantsurlatêtedetonpèreetsurtonallahq
uetutétaislittéralementconfesséearrêtejesuisuneputeunetraînéeunes
alopeunementeuseunemanipulatricecestçaquilfautquejetedisealors
voilàjeteledisetlaissemoitranquillejaimonvoyageàpréparerpuisquet
unecomprendspasquejesuisrevenupourtefaireplaisirsituavaisvoulu
mefaireplaisirtuauraisrespectécequetumesusurraistendrementsurla
placeenseptembre2009netinquiètepastoutvabiensepasserjereviense
ndécembreouituesrevenuevoirlecocuendécembreparcequetonaman
ttavaitpayélebilletdavionjesuispartidansmonbureauetjairéouvertlef
ichieraminatheatrerealistetxt

transcenderlesblessures

lesmotsneserventquàmentirmonologueenunactelesmotsdunefemm
eperturbéeneserventquàmentiraminadevantsonordinateurcétaitpou
rtantmaplusbellelelettredamourettroisjoursplustardjeluiaidonnédupl
aisircommejamaisjelaicaresséenlacéembrassécommejamaisleshom
messontvraimentinsensibleshypocritesprofiteursilaprissonpiedetil
neveutrienmedonnerilsaitquejelaimealorsilpensequejevaisaccepter

105

delepartageravecsophieenamourceluiquiaimeleplusesttoujoursperd
antquestcequilluitrouveàcettevieillecenesontpaslesmotsquiontunp
ouvoirfoucesontlesémotionslessentimentslesenvieslesmotsneserve
ntquàexprimercequiestdéjàlàouijaitrichéjenaipassuquitterstéphane
pourmedonnertotalementàcarlojenepouvaispasluifairecelaparmaila
prèstoutcequelonavaitvécujedevaisluiavouerlesyeuxdanslesyeuxel
lesouritouijememensehalorsjesuislaseuleàlesavoirilfauttoujoursse
donnerlebeaurôleilfauttoujoursfairecroireàlhommetrahiquonluiato
utcachépournepaslefairesouffrirpourlépargnerjetaittrompécardieula
vouludailleurscestvraisijelaitrompécestquedieulavoulujetelaicaché
pournepastefairesouffrirellesouritsiaumoinsilcroyaitendieuceserait
simplejajouteraisonvaprierpourqueçanesereproduisejamaisdieulav
oulupourquenotreamoursoitencoreplusfortettuvoisnouslavonssurm
ontéfinalementcestpeutêtreluilhommedemaviealorsilfiniraparseco
nvertirdieunepourraitpasmemettredanslesbrasdunhommequinecroi
tpasenluicestquilmachoisiepourleconvertirsinonmamèrevaencorep
iquerunecriseouijeluiraconteraiquedieumachoisiepourconvertirunb
lancellelecomprendraetmesoutiendrajenedoispasmementirjaitoujo
ursredoutéquaveccarloilnyaitquunechancesurcentquildeviennecom
mejeveuxmaisjedevaisessayerparfoisjavaistellementlimpressionde
meretrouverdanslesbrasdemonpèrequinerisqueriennariennaquedes
bertrandoudespatrickdoncilfallaitbienquejegardestéphanevoilàjepe
uxavouerlavéritémaisçasertàquoiàfaireencoreplusmallesmotsneser
ventquàmentirlavéritéfaitmoinsmalquelemensongementirnesertpa
sàgrandchoseetpourtantjenepeuxpasfaireautrementcarlonechanger
apasdoncjaimestéphaneilestplusjeuneplusfaiblemalléabledoncilch
angeraetsurtoutilmaimejesaisbienquilmaimejelaitoujourssuetilsait
quejelaitoujoursaimémaispourquoicarlonepourraitpasrestermonam
ijeluiaipromisquilnesepasseraitplusrienentreluietmoietjetienstoujo
ursmespromessesellesouritcestquilnapasconfianceenmoibagatelleq
ueçaluiferaittropmaldimaginerquecarlopuissemedésirersesouvenir
demesfellationsenregardantmabouchetandisquondiscutetranquille
mentaurestaurantetquejesensmonterundésirnonjeneledésireraiplus
promisstéphanecommeleshommessontjalouxpourtantmoisilrevoya
itamicalementsafannyousonangéliqueçanemechoqueraitpasonpeut
êtreamiaprèsavoirétéamourmêmeamimourcestcequilmedemandait

cequejerefusaismaismaintenantquejesuisretournéavecstéphanecese
raitpourtantlameilleuresolutionpuisquecestlaseulequilneveutpasm
épouserdailleurssillevoulaitcestmoiquinevoudraisplussourireénig
matiqueelleregardesonécranpianotequelquessecondesetsouritenlis
antellelitàvoixhauterépondrequoiamourtucroisquejemefousdetado
uleurnonjenemenfouspasmaiscommejeteledispourmoileplusimpor
tantrestequonsaimejenepeuxpasrevenirsurlepasséetjenaipasenvied
yrevenirnousenavonsparléilmesembleilfautcontinueràenparlerjeve
uxbienmaisjailimpressionqueçamefaitperdrebeaucoupdetempsetdé
nergiequejenaipasbesoindenparlerparcequejaidépasséçaetquecestd
errièremoimaispourtoicestimportantdenparlerparlerdequoituveuxd
esdétailsladateexactejenesaispasjenaipasnotéjenaipascochésurmon
agendacenestpasrestédansmamémoirecenestpasunedateanniversair
equejecomptefêterellesouritahle3mars2010quelbonheurilmarappel
épourminviteràdéjeuneronadiscutélonguementcétaitdébutmarspuis
leschosessesontenchaînéesetonenestarrivéàcetacteregrettableouim
êmepourmoicarjauraispréféréquenousnenfassionsrienpourpréserve
rnotreamitiécestcequonvoulaitunebelleamitiéjeregrettequecelaseso
itproduitjeleregrettepourmoietcestpourçaquejaidécidéquecelaneser
eproduirapascestunhommemerveilleuxquejaimeraisavoircommea
mijelappréciebeaucoupjelerespecteénormémentetjenevoudraispas
perdresonamitiéilyadesrencontrescommeçaellesouritcommentluifa
ireaccepterquonpuisseresteramiilfautquilcomprennequilnyariendes
exuelentrenousjustedelestiméréciproquecommeilsaitmemettreenv
aleurluijenevoulaispastedémolirpassciemmentjenevoulaispascroir
equetumaimaisetjepensaisquepersonnenepouvaitmaimeretquetous
mabandonnaientdoncjepouvaisdémolirmesgrandesidéesjenevoulai
spastedémolirmaisdémoliraminaenmoiamourjauraisdûteparlersurt
outtefaireconfiancesurtoutdépasserlapparenceetcroireaumerveilleu
xdenotreliençasesttrèsmalpasséouialorsqueçaauraitpusepassertelle
mentmieuxsijenousavaisfaitconfiancepardonmonamourellesouritq
uestcequilluifautdeplusjeluiaidemandépardonenfinjaitrouvélamou
rlecompagnondemaviemonmarilhommeavecquijeveuxfinirmaviea
vecquijemevoisvieilliramoursavoirquejenauraipasmachèreliberté q
uejedevraismenrapporteràtoiquejeseraienfusionavectoiquejedoiste
demandertonavismefaitsouriredebonheurouidebonheurcarouijeveu

xcettefusioncarelleestlexpressiondelamourelleestlexpressiondemat
otaleconfiancejesaisamourquetumaimesdoncjesaisquetumeveuxdu
biendoncjesaisquecequimetientàcœurtetiendraàcœuretquetuserasa
ussiimpliquéquemoipourchercherlameilleuresolutionavecmoiladéf
ensedemalibertéétaitlexpressiondemadéfiancejelaienfincomprisjes
uisheureuseamourdedéposermoncœurmalibertémesfardeauxàtespi
edsjesaisamourquetumaimesdoncjetedonnematotaleconfiancecom
metupeuxmaccorderlatiennetoietmoiamournefaisonsquunbinouiil
yauradesdésaccordsçavapeutêtrediscuterdurbataillermaistoujoursa
veccetteidéeancréenousnousaimonsdoncnoustrouveronslameilleur
esolutionjesaisamourquejetaimedoncjeteveuxdubienjeteveuxdubo
nheurlematinjemeréveilleraienmedemandantcequejeferaiaujourdh
uipourterendreheureuxpourquetusoisbienjenepenseraipasàcequetu
naspasfaitpourmeprouvertonamourmaisàcequemoijeferaipourtepr
ouverlemienjesaisquedetoncôtétuferasdemêmedoncjenauraiàmeso
ucierquedetoipuisquetutesoucierasdemoiamourmavieestlatienneta
vieestlamienneellesouritquelhommepourraitrésisteràuntelamourco
mmejesaisaimermoi

xxxiimercredi28

enviederapidementraconterànadègedèsmonarrivéejessayaisdeluifai
recomprendrelessentielvousnedevinerezjamaistuasvenduunlivresij
écrisunepiècedethéâtresurtoijeteprometsdelareplacercellelàhierapr
èsmidiaminaestrevenueofficiellementpourmefaireplaisirmaisilasuf
fidetroisminutespourretomberdanslesdisputesetcematinelleestrepa
rtiesansquelonsesoitreparlétunesaispastyprendreaveclesfemmestua
uraisdûlabaiseràpeinearrivéeettuauraisvuvousauriezprisvotrepieda
ucunenotejemesentaisterriblementirritableetilnesedécidaitpasàpart
irbétonnerilmefallutrentrersansuneminutedintimitécommesouvent
danslaforêtmestpasséeuneidéesurlemomentconsidéréefabuleuseon
nepeutpasbalancerlavéritéenfaceàcemondelesystèmeesttropbienhu
ilépourpermettreàunrévolutionnairepacifiquedemongenredepouvoi
rexposersesanalysesauplusgrandnombrejaifaitlerreurdavancernon
masquéseulunpseudopeutmepermettredexisterdanslalittératurecon
fuciusremarquaitdéjàsilhonnêtetérègnedanslepaysunhommepeutêt
reaudacieuxdanssesactesetdanssesparolesmaissilhonnêteténexiste
plusonseraaudacieuxdanslesactesmaisprudentdanslesparoleslapubl
icationdelivresdechroniquesdoitêtreassimiléeàlaparoledesonépoqu
edemonchersénèquetellementnégligédurantcesdeuxdernièresannée
sjemesouvenaisdeproposconcordantsetdanssaquatorzièmelettreàlu
ciliusjaidepuisrelulesageneprovoquerajamaislacolèredespuissantsi
lruseraavecellecommelemarinaveclouraganjedoisprendreunnouve
aupseudo

109

jattendsnadègedansunprofondbluestrèsmaldormideuxfemmesetpas
unepourlanuitoùvaisjeavecellescenestpasensengageantdansdeuxim
passesquontrouveuneissueletravailaveckaderfutmonotonetristeenc
oreplusfastidieuxquelaveillecertesquelquesnotesilfautbienjattends
sonarrivéeavecimpatiencepasseulementcelledelamourquelleévacu
edunsouriredungestetoutesmessombrespenséesmaisjeredoutequauj
ourdhuisoitdifférentdesautresjoursnadègenestquunefacedungrandd
ésurlequelfigureégalementaminacegranddéaveclequeljeluttesanses
poirdelesyarrachersijedevaisensauverunemalgrélattirancephysique
évidenteviveviscéraledesêtrespeuventsêtremisensituationdenepasp
ouvoirvivreaveccleuramourtropemprisonnéesligotéesnadègeetamin
apourvivreréellementlamouraminanesortirajamaisdesonc011ditionn
ementmusulmannadègenesortirajamaisdesgriffesdesesbourreauxce
rtesnadègelutteenétatderévolterefuseviscéralementcequiluiarriveal
orsquaminasestidentifiéeavecsareligionessayesimplementdetransi
geravecsesrèglesvivreavecmoimalgrétoutj'aidèslenfancerejetémap
ropreprisoncelledufilsdunjeunefrançaisenvoyéèssoldatdurétablisse
mentdelordreenalgérieetrevenutraumatisérejouantsaguerredanssac
ellulefamilialeennousmaintenantdanslinsécuritédesesmoisàtravers
erlesmaquisdèscetteenfancedèsmacompréhensiondesmécanismesd
oppressionjaibataillécontrecetasservissementpuisàlamortdubourre
audécidédevivreloindecesmaladescherchantlalibertépuisfinalemen
tlatranquillitélatranquillitécommelapréconisaitdéjàconfuciusunefo
rmedestoïcismeselonsénèqueouepictètejaisouhaitécettetranquillité
égalementpourêtredisponibleàlavieàlamouretellesontgrandiderrièr
edesbarreauxtropjeunespourposséderlaforcedelesbriseretaprèsiléta
ittroptardonavoululeurfaireaimerleurprisoncestmerveilleuxdêtrem
usulmanetuaslachancedemavoirrencontréprincessenadègeexploret
outeslesissuesimaginablestandisquaminadèsquellesortlatêtedeleau
dèsquenousvivonsquelquesjourssanstensionilsuffitdunmailunappe
ltéléphoniqueouunesimplepenséepourquellerebasculeenprétendant
sesentirdéphaséeavecsareligionsesprincipessesvaleurstoutcequelle
nepeutpourtantpasvivrequelleafuimalgrécelajenaijamaispuetnepou
rraidoncjamaisluidemanderdechoisirentreeuxetmoiseuleunerévolt

eprofondeunerupturetotaledavecsafamillepourraitlalibérerluiperm
ettredevivrelamourcommeellelesouhaitesouventavecsamajuscule
maisenmêmetempssamèresesfrèressessœursetlesautresjenepeuxpa
sexigerquellechoisisseentreeuxetmoiuneimpassejaisouhaitélamort
demonpèrelebourreaucerteségalementlavictimedesonpassémaisinc
apabledesenlibérerjenaijamaissouhaitélamortdesamèredesesfrères
etsœurspasmêmedesakageraaminaetnadègeparlentdamourontbesoi
ndamourjesuisleurillusiondamourenpartantvivreloindubruitetdesfu
tilitésmesuisjerenduinvisibleauxfeméspargnéesparlaviemesuisj
eplacéensituationderencontreruniquementdesfemmesenluttepourla
mourouestceplusprofondunsigneimperceptiblenouspermetdenousr
econnaîtrenouscherchonslamourcarnoussavonsquecestlaseulemani
èredesauverlaviealorsquelesautresentrentdansuncoupleparattirance
physiqueetyvieillissentcertessouventsydéchirentcarvivreàdeuxsem
bletoujoursdégénérererenreprochesetrancœurspourelleslamourreprés
entelabouéedesauvetageellessyagrippentsansjamaisparveniràymon
terjesuisunebouéedesauvetagenadègearrivetroisheuresmerveilleus
esestcelasubconscientecertitudedevivredesheuresgrappilléescontre
limpossiblequinousplacedansunetelledisponibilitéaubonheurcom
meavecaminadurantlespremièressemainescroirequecestpossibleno
usfaisonsabstractiondelaréalitéquinousrejoindraforcémentinévitab
lementmaispeutêtreavonsnousbesoindeparfoisvivreainsi

xxxivleproblèmedenadègeselonkader

àmonarrivéenadègenétaitpasencorerentréedelaboulangerieimmédi
atementkaderselançatupourraismenviermecjesaisjebalanceunemer
deetcestunbestselleralorsqueteslivrespersonnenelesachètejaiunefe
mmesuperbeavecquijementendssuperbienunamourbétonalorsquet
utedemandespourquoituesencoreavectonaminapourtanttuassûreme
ntlasolutionànotregrosproblèmeyaquuntrucquifonctionneentretoiet
aminalesexealorsquenplusaminanestpasvraimentnormaledececôtél
àetcestcequinemarchepasavecnadègejenevoyaispasoùilpouvaitarri
vertasdécouvertcommentfusionnercommetudisavecellealorsquelle
estexcitéecommetudisexciséecestcequejaiditetmoiavecnadègeeellef
aittoutcequejeveuxmaisjenemensorspasjeprendsmonpiedmaispase
llealorsàforceçamebloqueunevraieplanchequejelaprennepardevant
ouparderrièrecestlamêmechosepourelleellemaracontéquelleavaitét
évioléeà10ansetquecestuneréactionnormaledesfillesquiontsubiçael
lelecroitjaieubeauluiapprendrequetouteslesfillessontvioléesentre8e
t12ansnonseulementellenemecroitpasmaisellemafaitlagueulequan
djeluiairacontéquanaïsétaitunevraiebombesexuelleaprèsunviolcest
paspirequedêtrecharcutéecestquoiletrucpourquellesoitvraimentdan
slejeucommenttuasfaitjaiconnuunefemméégalementvioléeenfantm
aylineetellemavaitprévenucétaituneplanchesitucherchesunebombe
sexuelletunasquunesolutionjemedoutaisbienquetuavaislaréponsec
estdetrouveruneautrefemmesituveuxyaaminaquivabientôtêtredispo
nibleattendsjetrouveunefemmequandjeveuxoùjeveuxcestpasleprob
lèmemaisnadègejamaiscestletopetyapasmieuxdoncilfautquetuacce
pteslasituationoncroitquelavieestsimplemaisquandongratteunpeuq
uandonsouhaiteatteindrelebienêtreondécouvrelenoyaunoirnousavo
nstousnosblessurestuenassûrementmoiaucunejesuislemecpluséq
uilibrédelaterrejenaipasjugénécessairedeluiexpliquerlamanièredon
tilprojetaitsurmoilimagedupèreabsentetsurmarcelcelledugrandpère
peutonoccultersesblessuresprofondescommeaminaleprétendaitdan
sundesesmailsdemaiuntextequimerepassaitpartiellemententêteson
optimismeàtouteépreuvekadercontinuaittucomprendsjaibesoinquu
nefemmebougeremuequecesoituncombatquelleaitdesorgasmesmai
srienabsolumentrientusaiskaderaminaavoulumetransformerenmus

ulmanelleaéchouéjaivouluchangeraminajaiéchouésitusouhaitesfair
edenadègeunebombesexuelletuéchouerasriennemerésistequandjev
euxquelquechosejeleprendstuasbienvujevoulaisnadègejelaieuelam
ourcestaccepterlautrecommeilestcenestpasprendremaisaccueillirav
ecjoiecequelontedonnequandjeteconcèdeavoirvouluchangeramina
cétaitsimplementessayerdemodérersavolontédemetransformerjaiac
ceptéquellesoitmusulmaneexciséedépensièrequandcétaitavecsonar
gentmaisjeluiaidemandédemacceptercommejesuisathéeintellectuel
précairesurtoutprécairepauvremêmeplutôtstoïcienmêmesijenaipasl
uunelignedesénèquedepuisnotrecohabitationsousunmêmetoitmaist
usaiscommentmettredanslemouvementunefemmequiadesproblèm
essexuelscestsurçaquejetedemandedemaidertuterendscomptequan
djesuisenellecestcommesielledormaitjaipresquelimpressiondebais
erunemortepourelleceseraitquandmêmemieuxaussidelamêmemani
èreaminaprétendquecestpourmoiquelleveutmeconvertirqueceserait
mieuxpourmoimaisçanarienàvoirtupeuxessayerdecroirequecestpos
siblemaisjailimpressionquetutesengagéeavecunefemmeuniquemen
tparcequetuladésiraismaisquellenecorrespondpasàcequetucherchai
sunpeucommemoifinalementonadespointscommunstoicommemoi
onauraitdûlesbaiserquelquessemainesetsavoirpartiryapasmieuxque
nadègetouslespotesenétaientdingueselleestarrivéejaipensélafemme
quejeconnaispersonnenelaconnueavantjaieuenviedeluienparlerjaii
mmédiatementréfléchiàlamanièredaborderlesujetnevoulantsurtout
pasprendrelerisquedunemaladressequilabloqueraitégalementavec
moirentréjerecherchaiscemaildemai2010cétaitle20à11heures23am
ourjesuisuneincorrigibleoptimistejesourisdéjàlecœurestmoinsgrosl
espenséesplussereinesmacapacitéàsourireetmacarapacemesontdun
grandsecoursamourçamepermetdallerdelavantmadevisenepasnoirc
irmoncœurmoncœurdoitrestersainetproprejeneveuxpasdehainede
mauvaisespenséesenversquiquecesoitquoiquecesoitjeveuxresterna
ïvetoutemaviegardermoncœurdenfantnetattaquepasàçaamourcestle
nseignementdemonpèreaucunêtrenestmauvaisouipersonnenestmau
vaissimplementonjugeparrapportànousànosvisionsetsiçanecollepa
sonditquelautreestmauvaisjetaimeamourduplusprofonddemoncœu
rpourmoicestlessentielamourjesuisheureusedenotreamourcesttoutc
equicomptejenepeuxjeneveuxdétesterpersonneamourjenelaijamais

faitjenevaispascommencermaintenantjetiensàlintégritédemoncœur
jeneveuxpasdehainedansmavieamourcequejeveuxamourcestunevi
epleinedamourcestunevienaïvesimplerempliepardesêtresquejaime
etquimaimentjaienviedeconsolerdesinconnusquimesemblentmalhe
ureuxamourjaienviededistribuerlesourirelajoielebonheurtoutestpré
texteàrendrelaviebelleelleestbellelaviechaquesecondeestprécieuse
paslapeinedelagaspillerendouleursouregretsonestblesséparlaviema
isonestencorevictorieuxsurellecaronvitehouionvitleseulmalheurest
lamortamourtantquilyalavieyalespoiryalebonheurjeveuxêtreunrocd
ubonheuramouricaresestbrulélesailesenvoulantatteindrelesoleilleb
onheurmebrulerapeutêtrelesailesmaisjenerenonceraipasmêmeavec
lannonceduvihjecrainsseulementdieuetlamortpaspourmoipourceux
quejaimepourlevihmaplusgrandecraintenestpasquejelaimaisquetul
aiestoisitoitulaspasmêmesijelailapenséemenestvenuehierjeseraihe
ureusejenedispasquececeraitpasunmalheurmaisquoiamourpourlins
tantjelaipasjevaispasmerendremaladeàlavanceàquoiçasertmêmesij
elaiàquoiçaserviraitquejehaïsseceluiquimelauratransmisàquoiçaser
tlahaineàquoiserventlesregretsàquoisertlaculpabilitéàquoisertladou
leurjenedispasqueladouleurnestpaslàmaisàquoisertildelalaisserbou
fferlebonheurmesdouleurssontmultiplessijyréfléchisjenysurvivraip
asjepréfèrevivrelebonheurréfléchiràcequejepeuxfaireàlavenirpour
quetoutsepassemieuxjyréussiraipasouàmoitiéouauquartmaisdautre
srêvesprendrontlerelaisjusquàlamortmapetitesœurainsiquemacousi
neviennentaujourdhuijesuiscontentejetaimetonamourjemesurprena
isàsimplementpenseràforcedetemasquerlalaideurdesautrestuasengr
angédestonnesdhorreursdanstoncœurpauvreamina;cenestpasensec
achantlaréalitéquonpeutavancerdansladirectiondelharmonieunephr
asesestmiseàtournerdansmatêteelleestbellelaviechaquesecondeestp
récieuseoùlaijedéjàluecertesdanscemailmaisnonailleurscarlojemec
onnectaisimmédiatementàladressedaminasousyahoocellequelleava
itferméedungestethéâtralfinjuin2010pourbienmemontrerquesaviec
hangeaittotalementcellequejavaisréussiàrécupérerenaoûtquandelle
mavaitdonnélesréponsesàsesquestionssecrètesquipermettaientdela
réactiverelleavaiteffectivementtoutdétruitdeseséchangesaveccecarl
omaisildemeuraitdanslalistedescontactsjeluiavaisalorsécritsujetam
inacarlopeuxtumerenvoyerlesmailsquejetaiécritsdepuisnotrebeller

encontrededécembreaminailsétaitrapidementexécutéjavaisainsidéc
ouvertlagrandelettredamourdaminade848motsetvoicicarlolefaitell
eestbellelaviechaquesecondeestprécieuseelleestbellelavieparceque
elleestpleinedesurprisesouielleesttristelavieparcequecetteputainmé
crivaitsonamouraveclesmotsdesonamantmaiscettedécouvertenavai
tplusdimportancedérisoiresimplementdérisoirerisibleellepouvaitm
asquersesmonstruositéslesrecouvrirdepelletésdinsouciancesessaye
rdecroireensonâmedenfantcelledelapetitefillequidéifiaitsonpèreau
pointdenepaspouvoirlimaginermortelelledénicheratoujoursdesami
spourcroireensonbaratinjelaicruequecherchetelletoutsimplementàa
paisercettedouleurdeladisparitiondupèreencorevingtansplustardmê
mesilesuicidedumienfutunsoulagementlimmenseespoirdenfinvivre
maviejepeuxlacomprendreellesaitpourtantqueçalempêchedevraim
entvivremaissonorgueillaretiendratoujoursdepousserlaportedunpsy
chiatrenousenavonsparléelleobservamêmequejétaislepremieràcom
prendrequelleportaitencorecettedouleurellemajurédêtreguérieque
monamourlavaitguériemaiscenétaitquuneillusionjaiconsacrédesan
néespourensortirdesblessuresdelenfanceellearepousséepousserep
ousélaconfrontationsûrementavecparfoislespoirqueletempsarrang
eraittoutparfoislefatalismequelleporteraitjusquaudernierjourcetted
ouleuretquefinalementcétaitbienainsimaisnousavonsdérivétroploin
danslesrelationsconflictuellespourquenotrecouplepuissedevenirce
quenousavionsrêvéquilsoit

combiendevisagesatellejecroisdéjàconnaîtrelavraienadègeparcequ
ellesedonneàmoicommejelaitoujoursconnueresplendissantemaises
telleréellementainsinatellequedeuxidentitéscellequellepouvaitprés
entersursonlieudetravailetcellequejeluiconnaisKaderenconnaîtunet
roisièmecestdébut2011ouipasavantquandelleaenfinobtenuunposte
devacatairequejemesuisaperçuquaminanemavaitjusqualorsmontré
quesonvisagedextérieurdelamêmemanièreellemavaitconfiéquekag
eraetkarinalaconsidéraientcommelafemmelapluszenquisoitignorai
enttoutdesesangoissessesinquiétudescommelachantaldelidentitécet
tefemmegèredeuxvisagesmaiscontrairementaupersonnagedekunde
racontrairementàlamajoritédesgensàlextérieurelleexhibeunefacejo
yeuseenjouéecompassionnellesiloccasionseprésente;ellesétonneai
nsideressentirdelanimositéchezcertainscollèguesjenecomprendspa
spourquoiilsnemaimentpasjesuispourtanttoujourstrèsdisponibleai
mablegentillesouriantesiilssontracistesellenepeutconcevoirqueson
entrainpuisseapparaîtreexagéréfauxdéplacéetmanipulateurjesaism
aintenantquecevisageestfauxalorsquejelavaisconnudepuisnotreren
contreseulelacolèreluiavaitparfoisdonnéunautrevisageuntroisième
visagecarceluiquejecroyaisréelnétaitquunsimulacresocialetjavaisét
éenglobédanscesimulacresonvraivisageesttristecommentveuxtuqu
ejesoisheureusejedoispartagermonfilsavecsonpèrejedoistravailler
melevertôtpartirdanslefroidjedoisvivredansunpaysdemerdeoùilfait
froidlestroisquartsdelannéejedoissupporterunecantineoùlonsertduc
ochonoùdescollèguesamènentduvinetdelabièresurnotretableilstepr
éparentunrepasderemplacementtunepeuxpasteplaindredelacantine
etaucundetescollèguesnetobligeàboireunverredalcoolmaisilyalode
uretcenestquundétailsilnyavaitquecelajenemeplaindraispasjevisloi
ndemamèrejenevoispasgrandirlesenfantsdemesfrèresetsœursmaist
uasenfinlamourquetucherchaissitumaimaisvraimenttuseraismusul
manetonpartiraitvivreàdjiboutituétaisfrançaiseenfrancequandjetaic
onnuemaisilnétaitpasprévuquejyrestetusaistrèsbienquejysuisvenue
uniquementpourmeséparerdebertrandpourypasserleconcourstusais
trèsbienquemonbutétaitdobtenirunposteàdjiboutileplusrapidement
possiblecestpourtoiquejeresteenfrancejaimodifiémesplanspourtoie

nfaittunaimespaslafrancetuasessayédeprofiterdeseslargessesdobten
irundiplômefrançaisparcequilsemonnayeàprixdoraulycéefrançaisd
edjiboutioùnotreéducationnationalesecroitobligéedentreteniruneéq
uipedexpatriéspourlesenfantsdesesmilitairestuastrichéaveclesystè
metutesfaitefrançaisepourêtreconsidéréeexpatriéedanstonproprepa
ysjaimelafrancejesuiscontentedêtrefrançaisedavoirunpasseportfran
çaismaiscenestpasunpaysoùlonpeutvivrejaitoujoursprévudypasserj
uilletetaoûtquandàdjiboutiilfaitvraimenttropchaudtusaisbienquece
stpourçaquavecbertrandonafaitconstruirececchaletmaistunecompre
ndspasquejemesacrifiepourtoietjesuisfatiguéeépuiséeettuneveuxrie
nmedonnerencontrepartielesgensdecepayssontfousilsnefontquecou
ririlfauttoujourscourirdanscepayssurtoutquandonveutpermettreaux
gensdedjiboutidenavoirquàserendreunefoisparmoisàlabanquepourr
écupérerlargentetvivretranquillesituveuxmamèrenousaélevéselleaf
aitsapartdetravaillelleabienméritélepeuquejeluienvoiesiellenenourri
ssaitpasvingtpersonnesaveccetargenttuluienverraiscinqcentseurosp
aranplutôtqueparmoisetellevivraitdécemmentaveccecomplémentàs
amodesteretraitedeveuvetunecomprendrasjamaisrienàmonpaysque
puisjefairepourellejemétaisalorsuneéniènefoisdemandériencarrien
nepeutluttercontresaréelletristesselanostalgiedesonpaysetladouleur
toujoursvivacedelamortdesonpèrederrièresonenthousiasmecestung
ouffresombreethantéjenepeuxqueladistraireetjenaipasenviedecons
acrerdesannéesàrempliruntonneaupercéelleabesoindejubilercomm
ecarloluiendonnaloccasionpoursoubliermaiscettefemmeneveutpas
guérirellesecomplaîtdanssonpetitmalheurdoncforcémentdieuexiste
pourlarécompenserjaicruquelamourlasauveraitmaiscenétaitquunea
utredistractionquinepouvaitpasdurer

xxxvimarcel

marcelluiracontalepayscommeilmelavaitnarréàmonarrivéeetpassai
tainsiégalementchaquejourdabordillaidaàdémarrerlabétonnièremar
celjeladorejauraisaiméavoirungrandpèrecommeluialorssijepeuxlui
offrirquelquesbonssouvenirsmieuxquàlatéléquilfixelesseinsetlentr
ejambedenadègenemedérangeabsolumentpasmaisjelaiprévenutupe
uxregardertantquetuveuxmaisinterditetouchersinonjetéclatelacer
velleilestadorablelevieuxilmaréponduensouriantregarderpastouche
ràmonâgeçamevaetonsesttopédanslamaincommedeuxvieuxpotestu
neletutoiesquandmêmepastumevoisdirevousyaquauxflicsquonditv
ousunjourjeluiferaiunsupercadeauauvieuxle29marsdèssonarrivéer
etenantdifficilementseslarmesnadègemeconfiajétaistranquillement
installéedanslachaiselongueàlireilestapparuaveclevieuxjeleurainat
urellementsourimaisjenaipaseuletempsdesaluermarcelilsestbaissév
ersmoijecroyaisquilallaitmeconfierunmotàloreillemaisilmaposéun
emaindechaquecôtédesanchesetjenesaispascommentilafaitilmareto
urnéecommeunecrêpemaposéeàgenouxremontélaminijupeetilsest
misàmecaressersanslamoindretendresseetilmaappuyésurledosjaibi
encomprisquilsagissaitdetoutmontrerauvieuxdunevoixsuppliante je
marmonnaisarrêteilaretirésesmainsjecroyaisquecétaitfiniilmenapo
séunesurlaboucheàmenbriserlamâchoireetàpeinemavaitillâchéqua
ussitôtilsemparaitdemesfessesjenaipascomprisimmédiatementsesi
ntentionsillesécartaitilmasodomiséejaicruquilallaitmobligeràentre
prendreunefellationauvieuxjenelevoyaispasmaislimaginaisnousob
serveravecunmélangedededégoûtetdexcitationkaderluiajoyeusement
criétuvoisregardermaispastoucheretmarcelarépondujevouslaissetel
lementjavaispeurjepleuraissansbougerniparleretilsesttranquilleme
ntvidésanslamoindreattentionàmadouleurilaosérésumerdunsimple
cestbiendedonnerduplaisiràunvieuxtupeuxluimontrertoutcequilaen
viedevoirmaisilsaitquilnedoitpastoucheralorstoutcequejavaisgardé
enmoidepuisdessemainesaexplosétunevoisméemepasquetulasinsult
éenminsultantdevantluitunecomprendspasquilnereviendraplustune
comprendsdoncpersonnetunepensesquàutiliserlesgensjaicriépenda
ntaumoinscinqminutesetluipasunmotilmefixaitensouriantilmefaitp
eurilmafroidementrépondusitunétaispasmafemmelàjetebalanceune

118

claquequetunetenrelèveraispascestladernièrefoisquetumeparlesco
mmeçasilyauneprochainefoistunauraspasletempsdedépasserdeuxp
hrasesnousavonsessayédenvisagertouteslesréactionspossiblessielle
nerentraitpasillachercheraitpasseraitforcémenticijepouvaiscertesla
cacherdanslachambredamismaisilétaitcapablededéboulerenfureurj
esuiscertainquelleestlàdanslegreniernonellenevoulaitpasiciellenev
oulaitpasprendrelerisquequilpuisselydécouvriretsilesgendarmesen
quêtaientilmeseraitdifficilédenierdanslesboislagrotteunegrottepres
queinaccessiblequinécessitedeseglisserdansunboyauoùjepassetoutj
ustesurunevingtainedemètresellepourraityvivrejeluiapporteraisdel
anourrituremaiscombiendetempscettefuitetiendraitetelleavaitpeurp
oursamèrejétaispersuadéquaprèsunetellescèneilcomprendraitquell
eavaitfuguéetsignaleraitsadisparitionsanssenprendreàsamèrenonça
nemarcherapastuneleconnaispastunesaispascommentcegenredeper
sonnepeutréagirdanscettesituationjetavouequemoinonplusmaisjev
aistrouverunesolutionmaintenantcestlaguerrejetaimestéphanejenel
aisseraipersonnesemettreentrenotreamouronvayarriveretnouslavon
sfaitlamourpuiselleestrepartielelendemainmarcellairchagrinémasi
mplementmarmonnécestunmaladeceparisiennaturellementilnepou
vaitimaginerquejesavaisjaiabondédanssonsensilmaembauchépouré
crireleromandesaviemaisjevousavouequilnemeplaîtpasvraiment;je
suisbienpayécestluniqueavantageetjessayedeterminerleplusrapide
mentpossiblepourneplusdevoirlerencontrerchaquejour

119

immédiatementjeluiaidemandéilsestencorepasséquelquechosedete
rribleellesestserréeencoreplusfortcontremoistéphanejenemensortir
aijamaisouijecroisquilfautpréparercettegrottetuveuxbienyporterdes
couvturesetdesboîtesdeconservesjiraifairedescoursesdèstondépar
tjenesuispasdifficilejustepourteniretdemainjesaisbienquelleseralàq
uonnepourrasevoirquàlagariottetumelamontrerasdaccorddaccordm
onamouronvasensortirmaisilfaudraquelonresteaumoinsunesemain
esanssevoirjesuiscertainequilvatesurveillerquilvafairedescendreses
potestuveuxbienmepréparerdequoitenirunebonnequinzaine

xxxviiikaderdisparu

mardi3avril18heuresautéléphonesoitenvironuneheureaprèsuneulti
metendressedonnejeveuxtegarderdansmaboucheduranttoutletrajetj
enesuispascertainequelonseverrademainjepensefuirdanslagrottecet
tenuitkaderadisparucestfantastiquepasforcémentjenesaispascequis
epasselavoitureestlàlabétonnièretournaitencorejel'aidébranchéeetj
elappelledepuisuneheuretucroisquilcuvesesbièresdansuncoinilnam
êmepasfinisonpack246lavoixdenadègemarquaituneinquiétudequej
eneluiconnaissaispastucroisquelemieuxseraitquejepassejenosaispa
steledemanderstéphanejaipeurjarrivedéjàellepensaitpeutêtrequejall
aisveniràpiedalorsquelanuittombaitalorstoujoursrienjaiavancédun
pasellesestnaturellementlégèrementreculéejairefermélaportetourné
laclefetjemesuisserrécontreelleelleasouriellenesemblaitpasvraimen
tinquièteplutôtapeuréecestmaintenantquejopèrecettedistinctioncest
toujoursplusfacilequandonsaitohjavaissoulevésajambegauchelécar
tantainsilégèrementetpénétréelavantagedunsimplesurvêtementohtu
masspriseparsurprisejenetaipasvuvenirellenesemblaitvraimentpasin
quiètesonvaginmeprenaitcommeilenavaitdésormaislhabitudeetsilr
evientilmeréveilleraendormidanslecanapétunecroispasquecestuneo
pportunitéinespéréecestcompliquéetellemesusurracetamourcetamo
urquejeressenspourtoiestleplusfortleplusbeauleplustendrejedonner
aistoutpourvivreavectoijauraisdûpartirmenfuirfairecroireenunsuici
decommecestcompliquéouicestcompliquéetjeluisusurraisjetaimen
adègenousnavonspasdormidelanuitçanemestjamaisarrivéavecamin
apeutêtreatelleconnuçaavecsoncarlomêmesielleaprétendulecontrai
reladultèreestunstimulantplusieursfoisnadègesestlevéeellemecroya
itassoupimaisjeluisusurraistuasentenduunbruitellerevenaitseserrer
contremoij'aicrumaisnonquandlejoursestlevésuruneétrangeidéech
antaitjeanlouisaubertautempsdetéléphonesimessouvenirssontexact
suneétrangeidéeenfinlogiqueceseraitplusfacilesionnelerevoyaitjam
aismaisilabienfallulechercherintrouvable

xxxixlhorreur

cestbizarreondiraitquilajetélunedeseschaussuresdanslabétonnièrer
egardestéphjemesuisapprochéetilasuffidunesecondejusteletempsde
meretournerpourvomirnadègeneregardepasunosellearegardéetense
retournantcestsurmoiquelleavomiellesestserréecontremoistéphane
stéphanenousnousvomissionsdessussanspouvoirnouslâcherelleparl
aitjenecomprenaisaucundesesmots

xxxxunaccidentbêteetstupide

contrairementauxbétonnièresdesparticuliersla350litresprofessionn
elleeststablesonbrasfutentraînéparunepaleetaprèsilétaittroptardlepl
ussouventlebrasestdéchirécarlhommesentquildoitlesacrifiersurtout
nepasselaisserhapperilavaitlhabitudedeprendreunepoignéedebéton
alorsquesonjoujoutournaitsonjoujoucommeillappelaitàchaquefoisj
eluirépétaisquilétaitfouquunjourilseferaitdéchirerlamainillutilisait
depuislongtempscettebétonnièreilsontachetélamaisonfinfévrieretil
acommencésestravauxdébutmarscestvousquiluiavezapprisàlutilise
rjenetouchepasàcegenredemachinecestlevoisinmonsieurhaninquilu
iconseillaitpourtantégalementdenejamaismettrelamaindanslamach
inequandelletournaitonavaitbeauluirépéterdeprendrelebétondansla
mainpourvérifiersilcollaitbienuniquementaprèsenavoirvidéunpeud
anslabrouetteouicestplussageenvingtansdeservicejenaijamaisvuunt
eldésastrejemedemandecommentilsvontsyprendrepourséparerunpe
udechairdubétonjemesuisremisàvomirpresquerienilnerestaitplusrie
njusteladouleurduneimpressionquelesboyauxvontsortirledialoguea
veclinspecteurdelattresestainsiarrêté

xxxxiavion

commeprévuaminaestpartiele7aprèsuneénormedisputeoùunenouve
llefoisjeluiairappeléquejenenpouvaisplusjapprisainsiquelleavaitpa
yésonbilletcinqcentseurospluscherdemafautepouréviterunecrisene
pasreprendreegyptairlacompagniesurlaquelleelleavaitconnuouijem
esouviensdetonmaildu9févrierenvoyédixminutesaprèsceluioùtumé
crivaismonamourtumemanquesetdébutantparbonjourcarlotutesouv
iensdemoiaminadegyptairmoijenetaipasoubliéelledécidadappeleru
ntaxijesortaisetsoudainellecriaitstéphanepuisamourjenerépondaisp
asellemecherchaitmetrouvaitfinalementassisprèsdesarbressurdestu
ilesderrièreunmuretjenepouvaispaspartiraveccettescèneentrenousj
etaimemaisjesuisobligéedyalleretlachairestfaiblecommeenseptemb
re2009elleavoyagéavecunpeudemoienelleainsijelainaturellemente
mmenéeàlagaredecahors

xxxxiiunscénariopresqueparfait

aminalàbaskadermortunboulevarddamoursouvraitle21avriliraijevr
aimentlarecherchernousrejoueronsle14avril2010jelabaiseraietluiba
lanceraicétaitladernièrefoisnonavecnadègeceserauntelbonheurquel
idéedelatouchermedégoûteratellementellemattendramappellerajen
erépondraipasellesinquiéteraquestcequiluiferaitleplusmalunsmsen
souvenirdu14avril2010jepréfèremesuiciderquedevenirtechercheru
nenouvellefoisàcahorsputaindaddismerendreàlagarepuisprétendre
quenouspartonsàbordeauxchezsasalétédekageraetmarrêtersurunero
utedéserteprétexterunproblèmepourmarrêterluidemanderdedescen
dreetrepartirencriantsituavaisavouéen2010plutôtquinventerunehist
oiredesubmergéeunsoirvoilàcequejauraisfaitsaletruiequstcequeno
trecouplesoussonoreillerelleavaitlaissévoyageauboutdelanuitquell
erelisaitcesderniersjoursenfeuilletantjetombaissurunephrasesoulig
néedansunehistoirepareilleilnyarienàfaireilnyaquàfoutrelecampqua
ndlatellesoulignéelorsdesapremièrelectureaumomentdesalicenceen
suitecesjourscidesnotesdanslamargesemblentprovenirdesesétudesa
bsurditédelaguerreimagehorribledelamortabsurditédeladernièrerép
liqueducolonelcertitudeimmédiateelleaplacélàcetexemplairepourq
uejelouvreetydécouvrelétatdenotrecoupledanssatêtelamourcestlinf
iniàlaportéedescaniches;letoutcestquonsexpliquedanslavieàdeuxo
nyarrivemieuxquetoutseul;leschatstropmenacésparlefeufinissentto
utdemêmeparallersejeterdansleau;jecroyaisàsoncorpsjenecroyaisp
asàsonespritetsurtoutjétaissidéréparlavéritédecemondecestlamortil
fautchoisirmouriroumentirjenaijamaispumetuermoicestsaviepassi
mplementaprèslenécessairedeuilmaisdepuisvingtansjeréouvraislefi
chieraminatheatrerealistetxtpourlynoterouiellepourraitmurmurerd
ucélinepourexpliquersaviequatrepagesplusloinelleavaitsoulignéno
ussommesparnaturesifutilesqueseuleslesdistractionspeuventnouse
mpêchervraimentdemourirjyconsidéraisunnécessairerapprocheme
ntaveclespenséesdepascalpuissurlamêmepageilfautserésigneràseco
nnaîtrechaquejourunpeumieuxdumomentoùlecouragevousmanque
denfiniravecvospropespleurnicheriesunefoispourtoutesjemarrêtai
slàpage204demarecherchedesonmessagestoppénetparunepenséeja
uraisaiméenparleravectoien2008maintenantcestinutileouien2008ja

125

vaiscruencetteharmonietantrecherchéeoùlonsedittoutsansforcémen
tviseràconvaincrelautrejustepouréchangerdécouvrirlêtreaimélesch
atstropmenacésparlefeufinissenttoutdemêmeparallersejeterdanslea
uellesestdabordsentietropmenacéeparleshommesmusulmansetsestj
etéesurlebonblancdepassageincapabledenouerlamoindrerelationen
franceeteffectuantsonservicemilitaireencoopérationdanslespoirdyr
encontrerunefemmeelleavaitcertesviséplushautundonjuanquiafinip
arluiprésentersafiancéevenueluirendrevisiteunpremieravecquiilnes
estrienpassésimpleflirtplustardcontreditparjaiprisunefoislapiluledu
lendemainaveclemilitaireavantbertrandjecroyaisquilnesétaitrienpa
sséilnesestrienpasséilnemajamaispénétréejenevoulaispasavantlem
ariagemaisilluiarrivaitdéjaculeraubordddemonvaginleplussouventcé
taitdanstabouchejetaiditquetueslepremieràquijelaissefaireçadansta
maintonanusentretesseinsalorsohjenesaisspluspourquoijeteracontet
oujoursmonpasséçameretombetoujoursdessusleproblèmecestquec
haqueversionestdifférenteellesestsentietropmenacéedanssonmaria
gedoncsestjetéesuruncollègueellesestsentietropmenacéeparnotrea
mourdoncsestjetéedanslesmarécagesdaddisabebaellesestsentietrop
menacéeparlessouilluresdaddisabebadoncsestrejetéedansnotrecou
plefinalementmalgrécesentimentdaquabonismejeluinotaiscesphras
esdansunmailjyajoutaisonestpuceaudelhorreurcommedelavoluptép
age14javaisdécidédelerelirejauraispréféréretrouvermonexemplaire
avecmesgribouillagesmaispaslecouragederetournerlescartonsàlaca
veréponsemonamourjaidéjàlucesphrasesquelquepartmaisjenarrive
pasàmesouvenirellesnesontdoncpasdetoimêmesijepensequetutadre
ssesàmoiquelleesttonintentiontonamourmonamournaturellementja
ilulespassagesrécemmentsoulignésdulivrequetuaslaissésoustonore
illerquelleétaittonintentionensoulignantcesphrasespourquejelesdéc
ouvrealorsquetuséjournesdansunevillequetuappréciestellementalor
squenpassantdevantlecentreFidelpeutêtrecettefoisunpetitpincemen
tjaillitquelquepartmaisoùtonamourmonamourarrêteavectesprocèsd
intentionjailucelivredecélineaumoinscinqfoisetjenecroispasavoirs
oulignédautrespassageslasemainedernièresilteplaîtarrêtedemetortu
rertusaisbienquejesuisicipourvoirmonfilsetjetappellechaquesoiràto
utàlheuremalgrétonpetitjeutumemanquestonamourenrelisantvoyag
eauboutdelanuitjemechargeaisderéponsesplusoumoinsutilespoure

xpliquermadérivenotreunionbancalejemétaissilongtempscontentéd
unjaimenosdifférencesjecroisquunhommeetunefemmepeuventsai
mersansêtredaccordsurtoutcesontcesdifférencesetnotreimpossibilit
éderépondreàlaquestionpourquoijetaimequifontlaforcedenotrecou
plequandoncommenceàsavoirpourquoionaimequelquuncestquonn
elaimeplusvraimentcarceschosessétiolerontrapidementlamourcest
unmystèrecontinucélinemerépondaitphilosophernestquuneautrefaç
ondavoirpeuretneporteguèrequauxlâchessimulacresjemarrêtaissurà
forcedêtrepoussécommeçadanslanuitondoitfinirtoutdemêmeparab
outirquelquepartlematinjétaisdenouveaunaturellementpasséchezna
dègejepouvaispensercheznadègemaisdenouveautoutétaitferméaprè
svoyageauboutdelanuitjemesuisreluversantleromandelasagesseetd
ushowbizquellehorreurtoutcequejaiacceptéjenavaispourtantparléd
ansceromancesdérivesquinousconduisentdroitdanslemuravecdesan
néeslacéréesdanslabesacejaitoutécritdecequilfautrefuseretjaitoutac
ceptémauditeaminaquimafaitoublierjusquàmesmeilleureslignesoui
javaisàcetteépoquetoutcomprisjavaistoutcomprisnonàlamourmaisà
cequiempêchelamourjaihontedemêtreoubliéreniépourtantchaqueso
irjelanceskypeetaminameracontesajournéeellemémontrequelledort
biendansunepiècepeuconfortablelouéeparsonanciennecuisinièredé
sormaisauservicedesonexmarielleypassesimplementprendresadouc
hechaquejourchezluimaisdurantsonabsencequandiltravailleellemer
emarquepeuloquacecroitquilsagitduneconséquencedelamortdemon
amietajouteimmanquablementcesthorriblecequiluiestarrivéellede
mandemêmedesnouvellesdenadègecétaitvraijenenaipaspeutêtreest
elleretournéelàhautjeconclusjenecomprendspaspourquoielleauraita
giainsimaiscetteseulehypothèsemesembleplausiblepourquoinemat
ellepasprévenulàjenaiaucuneréponseàpartleelleneseraitquandmêm
epaspartierejoindrecefilsdecarlo

xxxxiiifindepartie

lecorpsdekaderseraincinérésamèrevoudraitunenterrementunetomb
emaisjapprenaisquilsétaientmariésetsouhaitaientlincinérationnevo
ulaientsurtoutpasseretrouverdansuncimetièreoùaprèsquelquesdéce
nniesdesemployésmunicipauxfontleménagecarpersonnenentretient
laconcessionjemesouvenaisforcémentleuravoirparlédecesujetaprès
madécouvertedécriteauxfaceaudéfidutempsetdesesoutragescettesé
pulturesedétérioreousemblelaisséeàlabandonuneprocédurederepris
eestengagéesivoussouhaitezlapréserverveuillezvousprésenteràlam
airiepourladémarcheàsuivremêmesurdemagnifiquetombeauxdansl
ecimetièredecahorsderrièrelesrempartscestlemairequimeninformal
emardiilavaitdélivrélepermisdincinérerilavaitvunadègelaveillepase
nformeelleétaitdoncprésentejetombaisdesnuesausujetdeleurmariag
eprononcéàtoulousele10mars2012avecpourtémoinsmadameetmon
sieurhaninmarcelmeleconfirmaitlesjeunesleuravaientdemandédega
rdercesecretjesupposequunepetiteenveloppelavaitscellélincinératio
nsedéroulaitàcahorsle11aumatinnadègedécrochaitenfinnoussomm
espartisensemblejelaipriseenpassantrendezvousaucrématoriumà14
heurestusaisquejesuisvenuchaquejouretquejetaiappelédescentaines
defoisouialorssilteplaîtnousparleronsplustardjevaistrèsmaljeposais
mamaindroitesursajambegaucheellesouriaittristementmelapriseseu
lementtroisfoisàallermaishuitauretourouijelescomptaispourlaport
eràseslèvresetlembrassertendrementjelasentaisauborddeslarmesno
usétionscinqnadègelamèredekaderunetanteunecousinejétaisdonclu
niquehommemonsieurhaninnelavaitpasrevudepuissonexhibitionil
mavaitdéclarélaveilleausoirmafemmevoudraitquonyaillemaiscene
stpasnotreplacenadègetusaispourtantquetupeuxtoutmedireellesests
erréecontremoietmasusurréjetaimemaisarrivésaupechnonstéphane
unautrejourcestdifficilejeviendraitevoirjeteleprometsetellemasusur
réquoiquilarrivenoubliejamaisquejetaimevraimentcommejenaijam
aisaiméjenaipasdormimaintenantjemedemandecommentjenaipasd
evinéquelleétaitcâbléelelendemainellenestpasvenueetsesvoletsétai
entfermésquandjesuispassévers17heureslevendredi13versmidiide
m

xxxxivsamedi14avril

aprèsunenuitsanssommeilpuisunrapidepassageaumarchédemontai
gujappelaislamèredekaderkadermavaitdonnévotrenuméromeprécis
antquejepouvaistoutvousdirevousfaireconfianceilavaitmêmeajouté
siunjourilmarrivequelquechosetudoisluidemandersonavissaconfia
ncemetoucheetlavotreilmavaitégalementditquilvousconsidéraitco
mmeunhommedeconfiancequandilestrevenule20jenelaiplusrevuco
mmecestterriblepourquoilaviemeprendmesenfantslunaprèslautreq
uaijefaitdemaljaiunequestionavezvousdesnouvellesduncertainpabl
oaprèsquelquessecondesdesilencejajoutaiskaderconsidéraitquelon
pouvaittoutsedirevoussavezmêmecelakadermaracontéquilressentai
tdesmauvaisesondeslesjeunessontvenusmevoirilestintrouvablecest
ladernièrevolontédekaderilssedemandentcommentceritalapudevin
erilscroientquilapactiséavecsatanquiladespouvoirspourenvoyerlem
auvaisespritjeleuraiditqueçaneservaitplusàrienmaisilssontpersuadé
squilalespouvoirsdumauvaisespritetquilfautléliminersinonlacitéva
brûlerquenpensezvousjenecroispasendieudoncjenecroispasensatan
maisjecroisquecertainsêtressontmaléfiquesjecroisquetoutlesproblè
mesviennentdupèredepablocestluilevraicoupablesonfilsnestqueson
instrumentvouscroyezjevousrappelleraijensavaisassezcétaitclairda
nsmatêtenadègeaprévenupabloducontratsursatêteetilestdescenduli
quiderkindlepublishingmanlordureilestlàavecellederrièrelesvoletsf
ermésilsprennentleurpiedfaciledevoirsansêtrevudelabuttedupechro
quebertletéléphoneraccrochéjyaipresquecourudanslalimitedemesm
oyensyrestantjusquàlatombéedelanuitrienpasunsignedevie

quepouvaitpensernadègeenretraversantlaforêtle3avrilavecmonsper
medanslabouchealorsquellesavaitquesonamantpréféréenprofitaitp
ourliquidersonmariencoreunenuitsanssommeiletcestdurantcesheur
esoùjattendaislejourquelidéemestvenuedeconfectionnerunefronde
pourbalancerrégulièrementdescaillouxcontrelesvoletsilestévidentq
uedetelsbruitsintrigueraientetforceraienttoutoccupantàréagirjepens
aisaminamenvoudrasûrementmaisleseulcuirtrouvéfutceluidespneu
sduvélodesonfilsencasdeguerrelaconfectiondesarmesestessentielle
onsacrifiemêmelesstatuespourfondredescanons10heures20:ouicett
emaisonestoccupéeetmonzoomoptiquede30mepermetdobtenirlecli
chédelitaliendurantlestroissecondesoùlevoletsouvreunpressentime
ntsilssesaventépiésilsvontsenfuirenplusdelappareilphotojavaisemp
ortéunebouteilledeaulesdeuxopinelslaserpelabombelacrymogènem
onportableetlacartedelinspecteurdelattrequimelavaitlaisséesûreme
ntplusparhabitudequepourlesivousvoussouvenezdequelquechoses
onnumérofutbasculésurunserveursûrementpasenindeladélocalisati
ondecescentrauxtéléphoniquesnemanqueraitpasdindignernosvailla
ntsjournalistesilmepromitlepassagedunepatrouilleetmelaissasalign
edirectequejerappelaisuneheureplustardletaxivenudéjàrepartidèsso
narrivéelepablosétaitprécipitéavecdeuxvalisesenfournéesdanslecof
freilétaitretournédanslamaisonettenaitnadègeparlamainenressortan
tilpritnéanmoinsletempsderefermeràclétandisquellerestaitplantéeà
sescôtésleregardvidedansunétatdéplorablelestraitstirés154photosm
erveilledelaphotonumériqueilssesontsûrementaperçusquejelessurv
eillaisilsviennentdesenfuirentaxijeluicommuniquaislenuméroilsfur
entarrêtésàlentréedautoroutedecastelsarrasinilspartaientpourlaérop
ortdetoulouseblagnacavaientréservéuneheureplustôtdeuxbilletspo
urcasablanca

xxxxvimaversionofficielle

lhommelibreréécritlhistoiretoujourslinspecteurdelattremécoutaitpl
usquilquestionnaitjenepouvaispascroirequunmeccommekaderselai
ssehappercommeunecrêpedansunebétonnièrejelaivucentfoisprendr
eunepoignéedebétonsansmêmeuneégratignurejesuispassélematinil
étaitenpleineformenousavonsbuunebièreetcestenracontantquelescé
nariodecettejournéemestvraimentrevenujenchaînaiscommejeledéc
ouvraisdansmatêtetoutséclairaitaprèscoupmaisjenallaisquandmêm
epasgâchercetteoccasiondebrillercestvendrediquejemesuisrappelés
ijevousavaistéléphonépourvoussignalerquecejourlàjemétaisendor
midanslecanapéaprèsavoirbuunebièrechezkaderetretraversélaforêt
vousauriezsûrementconsidéréquejevousdérangeaispourpasgrandch
osevousnauriezpascrudevoirsurveillercettemaisonpeutêtremaisvisi
blementjauraiseutortonsaitdansnotremétierqueleplussouventlesenq
uêtesserésolventounongrâceàlapriseencomptedesbonsoudesmauva
isdétailsjevousécoutemercredicefutlincinérationnadègemasemblée
trangenousysommesallésensembleauretouralorsquejeluiproposaisd
eresteravecelleunmomentellesestpresquesauvéedelavoiturejeudijes
uispassépourprendredesesnouvellestoutétaitfermémaisleurenfinsa
voitureétaitlàelleyesttoujoursetcesthierquejemesuissouvenudelétat
danslequelunebièremavaitmismaisquelquechosenefonctionnaitpas
jenevoispasnadègeetsespeutêtremêmepascinquantekilosbasculerka
derdansunebétonnièrekaderetnadègesontmariésdepuispeuetpourré
sumerillachipéeàunmecquejenaijamaisvuuncertainpabloavecquiils
embleyavoireudesremouslàhautjaitéléphonéàlamèredekaderpourpr
endredesesnouvellesmaiségalementpourluidemandersielleenavaitd
enadègeJelaiquestionnéesurcepabloetilluisemblaquilnétaitplusdan
slacitédepuisplusieursjourstoutdevenaitplausibleiunebièresûreme
ntdroguéemamiskopourquelqueheureskaderfutlittéralementassom
méavectroislepacknencontenaitplusquedeuxlelendemainmatinetde
làààpenserquenadègesoittoujoursrestéeliéeavecpabloquellesesoitma
riéeaveckaderpourlargentunmariagedontpersonneicisaufmadameet
monsieurhaninneconnaissaitlexistenceetquilsaientdécidéderapide
mentsupprimerkadervoilàtoutcequimatraversélatêtedapprentienqu
êteurplausibleunministreavaitsuggérédeprésenterlescaslesplusépin

131

euxàdesromanciersvotremanièredaborderlesscénariospourraitsouv
entnousaidermaislesbudgetsmanquentdoncquandnouspouvonsobte
nirdesaidesbénévolesnouslesacceptonsentoutcaslafilleestpartieim
médiatementauxexamensellesemblaitcomplètementdroguéeetquan
delleareprissesespritselleétaitraviedêtrearrêtéesavezvouscequesont
devenueslesdeuxbièresaucuneidéeentrelemomentoùvousavezdéco
uvertledisonscorpsetnotrearrivéeauraientellespuêtresubtiliséesjena
ivupersonneetnadègesemblaittropperturbéepourpenseràcelamaison
nesaitjamaisjecroisquecestunebonneactricelinspecteuravaitsortiso
nsmartphoneetseconcentraitsursonécranencoreundétailquinousaur
aitpermisdechercheruncoupableplusrapidementlesdeuxbièresferm
éessetrouventbienàcôtédelabétonnièresurmesclichésilnefautjamais
perdredevuequuncrimeesttoujourspossibleetsarrêtersurchaqueindi
cemêmequandlhorreurdunescènenepeutpaslaisserinsensible

xxxxviilaversiondenadège

lafilleatoutdéballéeellenousasemblésincèreluirestemurédanssonsile
nceveutvoirunavocatçacorrespondàcequejaiimaginécenestpeutêtre
passurprenantmaisellenietouteresponsabilitéalorsquevouspenchiez
plutôtpoursacomplicitéselonellepabloadébarquédanslelotle28illesa
uraitsurveillésjusquau30etlematinquandkaderestpartiàmontaubana
ubricodépôtilasurgidevantelleillaconvaincuequesiellenelecachaitp
assamèreseraitassassinéeparundesesamisaprèsunescènequelledécri
tterribleilsesttrouvéunendroitdanslegrenieroùilauraitvécujusquau3
avrilellelauraitpeuvules30et31marscommeles1er2et3avrilkaderses
eraitsimplementabsentéquelquesminutesle2pourserendrechezmon
sieurhaninquilnapasvulesieurpabloenauraitprofitépourdescendreàl
acaveelleignorecequilyafaitentoutcasilsauraientfailliserencontrerk
aderayantvulaportedugrenierouvertemaisnadègeaprétenduyêtremo
ntéeetquilfaudraitunjournettoyerlestoilesdaraignéesellecconnaissait
sapeurdecespetitesbêtesdoncconsidèreavoirréussiàévitercetterenco
ntremaisqu'ilauraitpeutêtremieuxvaluquellenintervennepasvouscr
oyezvraimentquecenestpasellelecerveaudecetteaffairepourlinstantj
evousrésumesadépositionjepensejustementquesicertainspointsvou
ssemblentimpossiblesvousmelessignalerezle3enrentrantdemarcher
enfindaprèsmidielleleauraittrouvépablotranquillementinstallédansle
canapéelleseseraitexclaméequilétaitfouquekaderallaitlestuersillesv
oyaitjesaislepremierquituelautregagnelabeautédu93doncjaigagnéil
luiexpliquaavoirdiscrètementouvertledernierpackdebièrespouryajo
uterquelquesgouttesdesomnifèreskaderenauraitbuunelematinavecv
ouspuisdeuxaprèslerepasavantdecommerceràfairedubétoncestàce
momentlàquenadègeseraitpartiemarcherpourrentrervers17heures3
0illuiexpliquacequelledevaitfaireappelerlécrivainjecroisquecestvo
uslegarderpourlasoiréepartoutmoyenàsaconvenanceetquecesoitvou
squidécouvriezlecorpsvousavezdoncpassélanuitavecelleouijecomp
rendsquevivantencouplevousavezpréférédéclarerquevousaviezdor
midanslecanapéjepensequeçanesébruiterapasmoncoupleestentrès
mauvaisétatcequiexpliquesûrementceladoncaudessusdenousilyava
itcepablocestpourcelaquellesestlevéeplusieursfoismepensantendor
miellesouhaitaitlerejoindreaugreniervousêtespersuadédesaculpabil

itémaiseffectivementçanousasemblébizarrequunhommedécideque
sacompagnedoivevousretenirpartoutmoyenàsaconvenanceellevous
asûrementexpliquéquelepèredepabloacouchéaveccellequiestencor
emacompagneofficiellelaputaindaddisabebadansmaboucheetluiég
alementluiégalementjenauraispeutêtrepasdûallezycenestplusquune
questiondedegrédanssatrahisonjesavaistoutàdeuxcestdonclogiqueq
uilyenaiteuaumoinstroiscepablosestrenduunesemaineàaddisabebaf
inmars2010etledimanchematinalorsquesonpèreétaitpartisaluerune
certainesophieilestdescenduetellesepromenaitavecjusteunboubouu
nepetitetenueafricaineilabienvuquelleneportaitrienendessousalorsi
lluiajouélecoupdumectrèstristeellelaprisdanssesbraspourleconsole
retilssesontretrouvéssurlecanapéoùillapénétréeceseraitpourseveng
erdesonpèrequiauraitdépucelénadègequandelleavaitdixansmaisnou
spensonsqueçanarienàvoiraveclefaitquilaitsouhaitéquellepasselanu
itavecvousilsemblequilvoulaitsimplementquunetiercepersonnedéc
ouvrelecorpsdésolépourlecoupquejeviensdevousasséneraprèsunsil
encenadègesavaitetnemenadoncjamaisparléalorsquellemaracontéc
arloetaminadaprèssesdéclarationsellelauraitapprisrécemmentduran
tcesquelquesjoursaprèslassassinatjecroisquenouspouvonsparlerdas
sassinatdekaderoùpablolaretenueprisonnièreenladroguantmercidec
esinformationsunremakedelatrahisonnuméro1jaiunmailurgentàécri
re

xxxxviiilemailàamina

tuserassûrementmécontentedapprendrequiltétaitinutiledepartiràad
disabebaenespérantyrencontrertonamantccartuauraispuentrouveru
nprèsdicisonfilsséjournacheznosvoisins

xxxxixlaréponsedamina

cenestquelesoirquarrivasaréponsejenavaispasconnectéskypeneleco
nnecteraisplusquecherchestuparcesprovocations

** lderniermailàamina**

jenecherchepplusrienfinjuin2010tuasjurésurlatêtedetonpèrequejesa
vaistoutpourquenousvivionsensemblefinjuin2010tuasjurésurlecora
nquejesavaistoutpourquenousvivionsensembleetjignoraistademan
deenmariagede848motsdu3avrilainsiquetadélicieusenuitdu6toutsé
taitdérouléenquelquesjoursdébutmarsmaisayantdécouvertcelanatur
ellementjesavaistoutsaufquetuétaisdisponibleouverteconsolatricep
ablodésormaisderrièrelesbarreauxyestpassécommesûrementbienda
utresàparisbordeauxaddisabebaavignonpouruneputainunmecenplu
scenestsûrementriendimportanttupourraissûrementjustifierletusais
toutjesavaiscequetuétaismaisilestpréférablequetunereviennespasen
francejeneveuxplustevoirtumedégoûtesfaiscequetusaisfairedemieu
xetiltereprendra

liaminadurantlanuitmaillulelendemain

amourjenaiassezdetesinsultestumasassezinsultéesurcequisestpassé
avantjuillet2010jaieumesraisonsdefairecequejaifaitmaintenantàcau
sedetoimavieestenfrancemontravailestenfrancedepuisnotredécisio
ndevivreensemblejemecomportecommetafemmedouceetfidèlebien
quenousnesoyonspasencoremariésjespèrequetuviendrasmecherche
ràlagarecommeprévutoutsimplementjetaimejaitiréuntraitsurlepass
éilfaudraitquetusoiscapabledelefaireégalementplutôtquedecherche
ràmattaquersurdesdétailsjallaistrèsmalmonamourcertainsenontpro
fitéjaiététélavictimedeceschosesdésagréablesquejaipréféréimmédiat
ementoublierjeneveuxplusypenserjetaimeetriendautrenadimportan
cetonamour

liinadègeetamina

aminanétaitdéjàplusrienquellesesoitlaisséemettreparunjeunehomm
eayantcomprissagrandecapacitédeconsolationnestfinalementquune
péripétieellemexpliqueraitquellenevoulaitpasquecestluiforcéments
amèredéjàsefâchaitquandadolescenteellesecollaitcontreleshommes
lorsdunsimplebonjourellelaprévenaitquilsenprofiteraientrapideme
ntpenseraientquecétaituneinviteàplusdinitiativesmalheurauprochai
nquivacroireensesbellesphraseslesêtreslesplusmalsainssontsouven
tceuxquiveulentapparaîtrelesplussympasmaisjaiégalementcruenna
dègejaicruensonhistoireplausibletoutcequemedonnanadègedurantc
esdixneufjoursnétaitquepitiéenversunhumiliéetquêtedunpèredere
mplacementlamourlamourlamourjenaiquecemotentêteetpourtantce
futtoujoursautrechoseenépitaphelepluslogiqueseraitdemecomman
derunilacherchélamouretilnatrouvéquedeshistoiresbienquejaimerai
squandmêmefairegraverdanscettepositioncestlafellationquilpréféra
itmaiscetteépitapherisquedêtrecensurée

liiiaffaireamazon

certesenmarsilmapayépoursixmoisjenevaisquandmêmepastefaireu
nchèquedepresquerienchaquemoistumediscombiençafaitletotaleto
nesttranquillefinalementcefutpoursixmoiscommejeleregretteaujou
rdhuimaisilestmortetjesuisdonccontractuellementdégagédelanéces
sitéderendreunmanuscritàquiquecesoitquantàsoncontratavecamazo
njenesuispasnotémaisildevraitpouvoirconstituerunebonneporteden
tréele16avriljaidoncréécrisàmonsieurxaviergaramboispatrondama
zonfrancereéécrisouicarcommedautressûrementjavaisprécédemmen
tenvainessayédattirersonattentionjavaispourtantdesargumentslecha
ntredelautoéditioncréateurenlan2000duportailhttp//wwwautoeditio
ncomjemesensnettementplusprochedevotreapprochequedecelledan
toinegallimardvousrecherchezlamandahockingfrançaisjaiécritmi2
011quejeleseraipeutêtreauteuréditeurdepuis1991professionneldep
uis200414livresenpapieravantleviragenumériqueleguidedelautoédi
tionnumériqueenfranceentreparfoisdansvotretop100peutêtreunrom
anautobiographiqueetréponsesàmonsieurfrédéricbeigbederausujet
dulivrenumériqueconnaissentunsuccèsdestimequipourraitsetransfo
rmerengrandevagueavecunsoutienmédiatiqueoulevotrejenepassep
asparvotreplateformedautopublicationjelainaturellementtestéeavec
deuxebooksmaisparledistributeurimmaterielfrdontlesprestationsm
econviennentfinancièrementpourvouscestéquivalentetpourmoijeco
nsidèrequimmaterielméritesamargejesoutiensletravaildexaviercazi
nromancierdramaturgeauteurdechansonsessayistefautedecontactdi
rectjenaipuvousinformerdelapromotionélectionsprésidentiellesà09
9€surmesessaispolitiqueshttp//wwwcommentaireinfojepensequila
uraitétépossibledegénérerdenombreusesventesavecplusdinformati
onsjesuisàvotredispositionpourdautresopportunitésetdesactionsco
ncertéeslettresansréponsecettefoisjemepensaisenbonnesituationno
usnesommesliésparaucundocumentmaisjaisignélé22février2012un
contrataveckaderternsparlequeljemengageaisàluiécriresonautobiog
raphieavantmars2013letextequevousattendezdoncpourlequelvousa
vezsignéavecluiuncontratdexclusivitéle10janvier2012jignorelesm
odalitésexactesdevotreaccordkaderternsmasimplementsignalévotr
eversementdunàvaloirde150000eurossuiteàsondécèslengagementa

140

veckaderternsestdésormaiscaducnaturellementfaceàlimprévisibled
esévénementsquiviennentdesedéroulerdansmonvillageoùilavaitacq
uisunepropriétéjemepermetsdemadresseràvousafinquenoustrouvio
nsensemblesivouslesouhaitezlameilleuresolutionjepensedailleursq
uecetextesurkadermêmesilperdunepartiedesoncaractèreautobiogra
phiquesusciteraungrandintérêtjeluireplaçaisquelquesphrasesdelapr
emièrelettre

livlelivretibétaindelavieetdelamort

aminajeluiavaisconseillécelivretibétaindelavieetdelamortmaissans
parvenirmoimêmeàlereliremêmeenlouvrantàdemultiplesendroitsC
étaiten2010javaisenviedelereliremaisilmenmanquaitlaforcejesenta
isquilmaideraitmaiscefutimpossibleellelaemportéundimanchedeva
ntlefeuetlesoirlereposaitdanslabibliothèqueçanemintéressepaspour
quoicenestpasintéressantjenavaispasinsistépensantqueçaremettaite
ncausesesconvictionsmusulmanescematinalorsquilprendlapoussièr
eaumêmeendroitdepuisdesmoisdansslerayondubasilsestimposéàmo
nregardjelaiprisjaisourienpensantaujourdhuiquemeschâteauxdesab
lesesonteffondrésjepeuxrevenirverstoimêmeuneexpériencenégativ
epeutdevenirunesourcedegrandebénédictionetdaccomplissementpa
ge115aminanefutquuneexpériencenégativedellejeretiendrailetajine
jauraisplutôtappeléceplatlatajinemaisilserévèlemasculinquimeper
metenfindapprécierleslégumesetlafindecettecertitudequelesdiffére
ncessecomplètentpermettentdanslamourunvéritableéechangeunappr
ofondissementdeschosescestpeutêtrepourcelaquemalgrétoutjailaiss
éfairejelailaisséefaireluiaccordantletempsdévoluerdecomprendren
otrelibertéoccidentale;ouiellecherchaitlalibertéenfuyantdjiboutiave
csonmilitairedevenuprofmaisellenatrouvéquelalibertédecoucherav
ecceuxquelleveutconsolerouséduire;jaitoujoursétépersuadéquaucu
neconceptiondivergentenepouvaitbriserlamourvéritableilestvraiqu
ejenemétaisjamaisintérésséauxreligionsjignoraisquemusulmansjui
fstémoinsdejéhovahetsûrementdautresexigentdeleurscroyantsquils
épousentunepersonnedeleurcommunautéoulaconvertissentjemétai
stoujoursressentidunegrandefamillehumainelibéréedescroyancesa
ncestralesparléducationetducommunismeparléchecéconomiquejép
rouvaisainsiunegrandecompassionlemotestpeutêtreexagérépourles
chinoisiraniensafghansunpeucommenouspensionsauxfemmesetau
xhommesderrièrelerideaudeferellemauradoncéclairélaréalitédelavi
esurterreaudébutdutroisièmemillénairejevivaisdansunrêvejecroisq
uelleauraitaiméyvivreégalementaupointquejeluiaiplusieursfoisqua
ndlesconversationsexistaientencoreentrenousexposélamanièredont
jelavoyaistuteforcesàcroireenlexistencedundieuàunevieaprèslamor
tcarcesttropdouloureuxpourtoidetedirequàtrentecinqanstonpèreadi

142

sparupourtoujoursquilnexisteplusriendeluietquilnexisterajamaispl
usriendeluituvasavoirtrentecinqansaminanegâchepastavieàcausede
cetteblessuredelamortdetonpèrejesaisquecefutunedouleurterribleje
saisquetuascruenmourirdechagrinetdedésespoirmaissitudécidesde
vivreheureusenousallonsréussirdieuexistejeleressensjesensunliene
ntreluietmoimêmesidieuexistaitriennetobligeàdevoirmeconvertirsi
tulisaislesparolesduprophètetucomprendraisentretoietmoiilexistait
égalementunlienettulasdétruitpourtepermettredefairecequetuasfaitl
àbaslapossibilitéderessentirunlienestdanslanaturehumainejenesuis
pasundieuetpourtanttupeuxressentirunlienavecmoitunespasundieu
etjepeuxressentirunlienavectoiilyaennousunpeudedieuilnousacréés
àsonimagecestpourcelaquenouspouvonsressentircestpourcelaquelo
nseressentaitsituacceptaisdedevenirmusulmanjecroisquejeteressen
tiraisdenouveaujaibesoindemesentirvraimenttafemmedoncquetuso
ismusulmanpourtantlaforcedemequitterellenelatrouvepas

lvamazondésillusion

20avril2012

appelduncollaborateurdemonsieurxaviergaramboisimmédiatement jeregrettaisdavoircommuniquémonnumérodetéléphoneenpensantu neconversationçanelaisseaucunetraceetdunemouetémoignaisauxan gessûrementinstallésàmescôtésmonregretnepasavoirréinstallélema térieldenregistrementdescommunicationsdancebureauilnexisteau cuncontratentrelasociétéamazonetmonsieurkaderternspourquoiaur aitilinventécettehistoirepeutêtrepourquevousluiécriviezuntextede meilleurequalitéqueceluiayantréussiàsimposerentêtedesventesden otreplateformemaisestcequuntextemiautobiographiquemiregarddu nécrivainmoisurkaderternsvousintéressetouslestextesnousintéresse ntvoussavezmonsieurternoiseetnoussuivonsavecintérêtvotretravail mêmesinousnepouvonspaslesoutenirplusquedautresjapprenaisquil snavaientpaslintentiondesignerdecontratsdexclusivitéavecdesaute ursenfrancemonrêvedunlancementexceptionnelsenvolaitilauraitdo ncinventétoutecettehistoirepourserehausserdanslestimedenadègeet blanchirdansleurcouple150000eurosetmoijenétaisquunsubalterned esasupercheriebienpayémaisprispourunconilavaitpayé10000euros pourleculdenadègeilpouvaitensortir40000pourrefermerlepiège

lvisuisjesuspect

quaréellementraconténadègelinspecteurcontinueàpasseràparlerami
calementsuisjelederniersuspectpourquoiauraitellecachénotrerelatio
nlagrottequatelleàygagnermonestimeellecroitréellementpouvoirréé
crirelhistoirejesuisdanslaffairelemobiledumeurtrejepourraislavoirt
outenprétendantperdreénormémentsixfois2400eurosplus10000env
olésplus5%dunlivreattendudérisoirefaceàlargentdelaveuvenousaur
ionsjouéunjeudangereuxnadègeappellepablopourquilliquideouplut
ôtbétonnekader;lassassinemprisonnécondamnéellerejointsonécriv
ainpréférépourquoiauraitellecachénotrerelationpournepasmeplong
erdanscettehistoireterriblecerveauvatuespèresencorequelletaime

lviilagrandedécision

jetireuntraitsurtoutcelajelerépèteunebonnecinquantainedefoisdeva
ntlemiroirdecettesalledebainsdusouchonmevientmepermetdestopp
ercetantradvantlmiroirdunesalledebainstotoalargementdépassétren
teansjetireuntraitsurtoutcelaçasepassesûrementtoujoursainsidansu
nvillagequandunefemmesuperbedébarqueaveclebesoindetrompers
oncompagnonforcémentelleremarquelhommedontlecoupleagonise
surtoutsipourraisonsprofessionnellesilpassechaquejourmêmesilne
peutphysiquementcompterquesursesmagnifiquesyeuxbleusvertsce
quisavéreraitbieninsignifiantendautrescirconstancesbiensûrdurant
quelquesjourscestlacertitudedugrandamourlidéalisationlacristallis
ationchèreàstendhalquantàlaminaaujourdhuiencorejepensequelexp
licationlapluscohérentemestvenuecejourlàcertesellesétaitdéjàrégul
ièrementinvitéedansmatêtemaislàfaceaubesoindeclarifiermaviejelé
nonçaisquandelleestrepartieàaddisabebaenseptembre2009cefutpou
rmoiégalementlameilleuredessolutionspossiblesnepouvantlacomb
attrejavaisacceptésoninterdictiondevivreavecunnonmusulmansiell
erestaitenfrancecétaitpouryvivredansleurchaletoùjemerendraisrégu
lièrementpuisquelleenétaitcertainedèsavrilelleavaittotalementratél
econcoursdinstitetmêmepouruntelplaisirsexuelsensueljenavaismar
redeleurchaletjavaisintérioriséacceptésonraisonnementsonblocage
onnepeutpasvivreensemblejespaçaisleplusspossiblemesvisitescerte
sàcausedeceskilomètresmaiségalementenespérantquunmanqueterri
bledemoiladéciderait àfranchirlepascenefutjamaissuffisantdoncce
manquedemoijaicruquilpourraitsurvenirdansunprogrammequifinal
ementmeconvenaitjyvaispourmonfilsetjetravailleraiàfondlescoursi
lacceptedemepayerlaformationapprofondieetjereviendraiendécem
brepourpasserlesfêtesavectoietenavrilégalementpourlexamenmais
égalementquelquessemainespourtoiouinouscoucherionsdanslemê
melitsûrementautantdejoursquesiellevivaitenfranceettoutestpossib
lejepeuxluimanqueraupointquelleacceptedesinstallericiquellerevie
nneendécembreenmedéclarantnepluspouvoirvivresansmoimaiscen
efutpaslecasdoncdèsjanvier2010notreséparationmesemblaitinéluct
ableauplustardenseptembreaprèsdesvacancesdeplaisirlesvacancesd
eladernièrechancejaiainsiprogrammépoursonretourdavrilundéplac

146

ementdunesemainechezmamèredurantlesjoursoùelledevraitréviser
àfondellegarderaitlamaisonsoccuperaitdesbêtesavecsonsensdelafa
milleelleapprouvapuisilyeutsonsitusavaiscequejaifaittuneseraispas
ainsidepuissonarrivéeàlagaredecahorslamourétaitdenouveautotale
mentlàuneosmosedapparencetotaleayantévacuénoséchangesparma
ilsparfoisfroidsetbizarresceschosesdésagréablesquelledevaitmerac
onterellelesavouaelleprétenditlesavouerencommençantainsidansla
salledebainsjesaismaintenantquilsagissaitduserviceminimumpourp
lacerdespréservatifsentrenouscarellenenavaitpasexigésdumonsieur
onsestlaissésubmergerunsoirmaisjenysuispasretournéecétaitunami
simplementunamiceluiquelleavaitrencontréendécembre2009àlaéro
portducairece14avril2010cétaitégalementtroisjoursavantmaremont
éedanslenordsûrementladernièreoccasionderevoirmamèreetjaieuen
viedecettefemmeayanttressésescheveuxàlafricainecommejelespréf
èrecettebeautéausourireenvoûtantmêmeavecpréservatifsjavaisunee
nviesexuelledellejairetenumacolèrejelaibaiséejemesuiscontentédes
onexplicationjepouvaispardonnerunsubmergéeunsoirellemaavouél
emaximumdupardonnableensuiteelleasumembobineravecsesmails
damoursesbellespromessesetmêmesesstripteasesdevantwebcamsa
masturbationquandelleyestretournéeunmoiscommeprévutantdepho
tosdepuissisouventaucentredenosdisputesquedjiboutidécouvreceq
uetufaisenfrancecommenttugagnestonargentcequetueselleasouhait
équelonviveensembleetjaiaccepédeneplusacheterdecochonsimple
mentfinirceluidanslecongélateurlalcoolnousnenavionspasparlécars
eloncertainsmusulmansonpeutenboirebienquelleconsidèrecelahara
mmaisscenétaitpasleplusimportantellemadonnésonanusendroittotal
ementharammaisellevoulaitmemontrerquecenétaitpasquedesmotsl
ejesuistotalementàtoipourlaviejemengageavectoipourlaviejesaisqu
etuesmonamourquenotreamourestlaplusbellechosequimesoitarrivé
edansmaviequejenevaisplusgâchermavietoutnétaitquedesmotsunes
incéritédelinstantquiseraitvitebalayéeouiellallaitatteindrelestrente
cinqanslâgedelamortdesonpèredécédéenéthiopieoùmilitaireilsétait
enfuiavecsafamilledurantleurguerreenéthiopieoùelleavaitbrisésonc
oupledavecsonmarienprenantunamanténéthiopieoùellemavaittrahi
jetireuntraitsurtoutcelajelerépètedenouveausijétaispartienéthiopiec
ommeellemeledemandaen2009jyseraismortcettecertitudeestenmoi

147

jerelisdesmailsjyvoisdésormaiscequejoccultaisalorssesréférencesà
dieu14juin2010à11heures24subjectyioulïyioulïvoilàunmotquejena
vaisjamaisemployépourpersonnedautrecarilnesestimposéquepourt
oiyioulïmotcriéparunemèrequandelleperdsonenfantmotexprimantl
eplussacrédattachementyioulïexpressionquejailimpressionavoirété
crééepourtoipourexprimercequejéprouvepourtoiamourjaienvieque
nousvivionsnotreamourdanslaplusgrandecommunionjevoudraisqu
enousvivionslaplussacréedesunionsjevoudraisquenousnousaimion
stoutenotreviebénisdedieujenaipaspeurduridiculeavectoijenaipasp
eurdetedirequejetaimetellementquejeteveuxlebienlebienduneviebé
nieduneviedamourdunevieavecdieuduneviedebiendanslavertudans
lebonheuryioulïjesaisjaifaitbeaucoupdemaljemesuislamentableme
nttrompéesurlaforcedenotreamourmaislamourasusimposercetamo
urquejecroisenlienavecallahamourjerêvequunjournousprionstousle
sdeuxensembletoietmoiunisdansnosprièresunisdanslavertuunisdan
slamourjesaisjenaipasétévertueusemaisamourtulesaisjelesuisaufon
djetrembleentécrivantçadefroidjaiunpullpeutêtre;maiscestlintérieu
rquitremblelleventrequitremblelecœurquitremblejenaipasétévertue
usejenesuispasrestéesurmavoiejemedétesteetjauraiscomprisquetu
medétestesmaisjaicomprisquetumaimesyioulïjeretrouvemonidéald
evertumonidéaldegrandamourmonidéaldevéritéjeleretrouvegrâceàt
oicematinjaipenséquetuesunhommepuramourjeseraiaussipurebelle
etpuremagnifiquedansnotreamourjeporteraihautlétendarddenotrea
mourjeledéfendraietjeferaitoutpourlevivreàfondlevivredanslavérit
élevivredanslamouramouraieconfianceenmoijemeretrouveenfinjail
esourireenpensantquenfinjeseraiaminaaminaquemonpèreaimaitam
inalidéalistelidéalamourjenétaismaladededevoirlabandonnerlidéal
delamouramournoussommesaimésdallahnericanepasçameferaitma
lallahestlàetnousaimeallahmaaidéàréaliserquecenétaitpasaminaàad
disallahapermisquejepuisseêtreavectoiallahestlàamourenretrouvan
tnotreamourjaienviederetrouvermafoidepartagermafoiavectoijaien
viedefairemesprièresdelesfaireavectoijaienviedecomprendremareli
giondelapartageravectoiamourjetaimejaienviedetapprendremalang
uejaienviedetefaireconnaîtremonpaysjaienviedeteprésentermafami
lleamourjaienviedaimertamamandementendreavectasœurjaienvieq
uetupartagesavecmoisénèquejaienviedeterejoindredanstaviedanste

srêvesamourfaireunvéritablemariageêtredansunevéritableuniontoi
etmoiamourtoietmoipourlavieicietdanslaudelànonjenauraispasdaut
resamoursaprèstamortcommentvivredesamoursartificielsaprèsavoi
rconnulamourabsoluamourvéritablementamourabsolujetaimeamo
uryioulïpourlavietoujoursaveclabénédictiondallahjetaimeamourtu
viensjetattendstafemmemaintenantjetedétesteaminatueslemensong
elhypocrisielamesquinerietavertunestquunmaquillagecettelettrepu
elesimulacrecommecelledelademandeenmariageàtonamimourellet
epermettaitderecouvrirdunvidelyrismetestrahisonstonincapacitéàe
xprimerlaréalitédetoncœurtuastrichéettutespriselespiedsdanstesten
tativesderécupérercesmensongesenavouantleminimumpardonnabl
epouressayerdebernercarlobertrandphilippecommemoituasutiliséla
mêmetechniquecroyezmoicarjesuismusulmanemaisnoustavonsobs
ervéeettunesquunetricheusetutrichesavectaviedonctutrichesavecla
mournousavonstoustraversédespériodesdeplusoumoinspetitsmens
ongesmaisladifférenceentretoietmoicestquejamaisjenemesuispréva
ludevouloirmontrerlagrandevoiedivinedeuxchoixseulementrestaie
ntàunefemmedignenayantpuéviterlanuitenseptembre2009déposerp
laintepourviolcontrelhommetoujoursofficiellementsonmarioumeq
uitter;elleachoisilemensongecejourlàellesestenduiteduneindélébile
peinturele23juinà4heures55amouramourvoilàtusaistoutjenaipasen
viedemejustifiercestinjustifiablevoilàjetaimecroisenmoimêmesice
stdifficilemêmesitunycroisplusparcequenotreamourestlàparcequen
otrelienestmagiqueparcequejesuisaufondcellequetuasaimécelleenq
uituascruparcequenotrebonheurestpossiblemonamournemerejettep
asprendsmamainjeseraidignedetoimonamourtoietmoipourlaviejeta
imetantmonamourouijetaimemieuxjetaimesansparasitejetaimedun
amourabsolumaintenantcommeen2008cetamourabsoluquejemesui
sacharnéeàdétruireenmoiilestlàdenouveauplusmagiquecarpurdetou
tparasitejetaiditquejeretrouvemadignitécestvraijailimpressionderet
rouvercellequececonnarddepasouilléejenesuispassortieindemnede
cettehistoirejemeretrouvemaintenanttuesmalumièremaintenantmo
nsoleiljetaimeamourtusaistoutmaintenantsituveuxconstruisonslave
nirjesuisbelleamourbelledelintérieurcestvraicroisencettebeautémo
namourcroisenmoinousseronsheureuxmonamournousseronsmagni
fiquesnousvivronsdansnotrerêveamourregardeavecmoinotrerêvere

gardeavecmoilavenircroisenmoiamourcroisennousamourmaviemo
nâmemaplusbellepartdemoijetedonnemaviejetaimeyioulïjetaimeso
urismoiamouretengageonsnousdanslebonheuramourjetedonnemav
iejesuisàtoipourlaviejepeuxfairecesermonparcequejetefaisconfianc
eàlimagedecejourquiselèvesurunenouvellejournéeaprèscettenuitde
pleursjevoudraisquenotreamourselèvesurunavenirradieuxaprèscett
eannéedemalheuretcepassédemalheurouicepassétoutmonpasséjefai
slapaixavecmonpèrejesuisprêteàêtreheureuseavecunautrehommeta
imernestpasletrahirjesaisamourpardonpourmonmanquedeconfianc
epardonpourmalâchetépardonmonamouryintimaviemontoutnousse
ronsheureuxensemblesitumepardonnesjeseraitafemmetonamourto
ntoutjemploieraimavieàtaimeràterendreheureuxàterendrefierdemoi
monamournotreenfantànoustémoigneradenotreamourjetaimemona
mournemequittepasdonnemoiunechancelachancedepouvoirêtremo
ienfinlachancedepouvoirvivrel'amourabsolulachancedevivredigne
mentetsereinementlachancedevieilliravectoilachancedêtreheureuse
avectoijetaimemonamourtonamourcettenuitlàelleavaitfinalementa
vouélautrelemariavantlétalonitalienquasimentdèssonarrivéeàaddis
enseptembre2009sansquelleaitvoulusechercherlexcusedesonévano
uissementaprèssonintoxicationaumonoxydedecarbonerelecturebie
ndifférentedesprécédentescettefemmenemestvraimentplusrienouin
ousavionspresquetrouvélepointdéquilibreavecmonaccorddepréten
dreàsafamilleêtremusulmanmaissamèreasouhaitéunmariagetraditi
onnelmasignaturedepapiersdeconversionpourlesenvoyeràdjiboutio
ùilsnousmarieraientnousmarieraientsentendreligieusementnotrepré
sencenétantmêmepasindispensable

lviiiretouramina

elleestrentréeentaxisansunmotelleestpartiesecoucheraprèsunrapide
passagedanslasalledebainselleestalléesecoucherdansnotrechambre
quandjelaivuelapenséeellevientreprendresesaffairesvadormirdansl
ecanapéoulachambredesonfilssimposamaiselleestentréedansnotrec
hambrejaividélabouteilledecointreauilnenrestaitquunfondetjesuisr
etournédevantlordinateurjaireprissonpremiergrandmaildu24juillet
2008intituléjetenpriesouslesceaudelaconfidencebonjourstéphaneja
iunpeuvisitélessitesetlutonconceptdesérénamouretjemyretrouveglo
balementcestdonclesérénamourquejecherchedepuistantdannéesilsu
ffisaitjustequequelquunymetteunmotquejecherchefaçondeparlerca
rjenecherchepasvraimentjepenseavoirtrouvémonâmescœurseuleme
ntjenepeuxpasvivrelesérénamouravecluiteracontermamalheureuse
rencontreouijenaienviejaivraimentenviedediscuterdelamouravecto
ijailimpressionquetupeuxmecomprendreunjourmonregardacroiséc
eluidunhommeuninconnujelaitrouvérienjustemonregardétaitattiréi
lfallaitquejeleregardeetquejeluitrouvedesdéfautstropéléganttropda
ssuranceilrittropfortnonvraimentpasmongenremaispourtantjelereg
ardemeregardetilluijenesaispasjenecroispasquecelamintéressemon
cœurnebatpasplusquedhabitudejenesuispasparticulièrementémue
maisquelquechosemepousseversluijesuiscalmesereinejenepenseàri
endeparticulieronfinitdemangerlepetitdéjeunerilfautallerànotrefor
mationjemelèvedetableilquittelatabledenfacequiloccupaitavecsabe
llesœuronéchangequelquesmotsàtroissurlafutureformationsursafe
mmequejaidéjàrencontréeàdjiboutimonpayssurkoweïtvilledenotres
tagesurmonmariquesabellesœurarencontrélorsdescorrectionsdubac
auxémiratsonéchangeonsétonneducircuitfermédesprofsexpatriéset
duhasarddesrencontresonritmaisjesaisquedepuiscetteminutemonc
œurestattachéàluiprisedeconsciencedecetamourmaisquoipourquoi
commentjesuismariéejaiunfilsilestmariéiladeuxenfantsetpuisnoush
abitonssiloinlundelautreetluipourquoicetteenviedepleurercetteenvi
edemourirmaisjelaimejemerépèteenbouclejelaimecettecertitudequi
semparedemoicetteenviefolledêtredansssesbrasjustedanssesbrasypa
sserlanuitetpuisoublieroublierquoitonfilstonmarisafamillejenesais
pasaufaittoutcequejesaiscestquejelaimejesorsjustedemachambreje

vaisdanslehallenespérantjustequilvienneetquonseretrouvelàetnous
avonspassélanuitensemblelattiranceirrésistibleces4jourslamourim
possibleentrenoussafamillelamiennelimpossibilitétoutsimplement
cestlheuredepartirjeluidonneunbaiserunsimpleetchastebaiserquime
chavirejesuisdéjàdansletaxiilsepenchemeditmercipourcebaiserjem
urmureunautreetjereprendsseslèvresilfautpartirtoutestfinidécrirem
onétatlesjambesquisedérobentlecœurquichavireleventretraversédé
clairslesyeuxembuésetaprèsonarepriscontactonsestaimésdeloinons
estdéchiréscétaitbeaucétaitmochecelaaduréplusdedeuxansjemesép
aredemonmariluiresteavecsafemmepoursesenfantsetapréférécoupe
rtoutcontactavecmoionarefaitlamourjusteunefoiscétaitlaplénitudeil
memanquejemedemandesilnevautpasmieuxmourirquedevivreunev
ievidedamourcarjesaismaintenantquejaimeraisimédiocrementunau
tremaisjenelappellepasjelelaisseàsaviecarcommetudisjepréfèrelatt
endrequedêtresamaîtressemaisilneveutmêmepasquejelattendeilnev
eutpasêtremonamiilveutjustequejeloubliejeluiaiexpliquéquecelane
stpaspossiblemaisilcroitquejedoisetpeuxloublierarracherdanslevif
ditilvivresondestincestsafemmesondestinsesenfantsmoijenesuisrie
nrienquelamourmaislamournestpaslaprioritéditilpourmoisicestlase
uleraisonquivautlapeinedêtrevécuevivresimplementsonamourdans
lasérénitédanslajoiejemeséparedemonmariparcequejesaisquonnep
eutvivreluietmoidanslaséranamouronpeutvivredansunetendressete
intéedindifférencemaiscertespasdanslasérénamouralorsjedivorceàl
amiabledanslasérénitétuveuxquejeteracontemonquotidienmaismo
nquotidiencestjusteuncombatcontrelatristessecontinueràallerdelav
antsourirerirevivrepourmonfilsjaiundevoirenversluiceluideluioffri
rmatendressemonsouriremaprésenceceluidenepaslepriverdesonenf
anceceluidêtrelàpourluiceluideremplirmonrôledemèrejenaipasledr
oitdemelaisserallerjevisdoncpourluietaveclesourirejemesuisinscrit
eàcesitederencontrespournepasmerefermercomplètementsurmoim
êmepournepasfermertouteslesportesilyabeaucoupdhommestuvasp
assombreràcausedunseulsipeucourageuxcestcequejessaiedemedire
celamarchetiljustequandjesuistrèsencolèrecontreluisinonjesaisque
cestluiquejaimeetjetrouvesitristededevoirloublierpourquoidevoiro
npouvaitpassauvegardercetamourmêmedeloinjusteparcequilestlàp
ourquoimimposercettesouffranceillafaitçavafaire6moismaintenant

quejenaiaucunenouvelledeluivoilàjetairacontémapettehistoireaurai
sjeétéplusheureusedenepaslavoirrencontréjesuistentéedelepenserp
arfoismaisalorsjepenseàlamêmephrasequetuascitéejaisouffertsouv
entjemesuistrompéquelquefoismaisjaiaimécestmoiquiaivécuetnon
pasunêtrefacticecrééparmonorgueiletmonennuiettoiracontemoiaus
sitonquotidientesexpériencesdamoursoudamouretcàbientôtaminaa
prèscemailellepassadelatroisièmeàlacinquièmepositiondansmalist
edesfemmespossiblesmaylinerestaitnaturellementententêteellemavait
simplementmisenpausetropaccaparéeparsaprocédurededivorcelaco
habitationdanslamaisonquilsdevaientvendrepourtantcestavecelleq
uelapremièrerencontrefutparfaitedoucejarrivaisavecuneheurederet
ardàlagaredebrivemaisellemyattendaitencoresourianteetnousquittâ
meslavillepoursacampagnesanslamoindreremontranceavecdesgest
estendresparlermarchersembrassersecaresserenviedefairelamource
quelonfitàlhôtellasemainesuivantecestmerveilleuxjetaimetumassa
uvélaviejepeuxteparlerdecephilippeensouriantilnecompteplusduto
utpourmoijétaisstupideplusieursfoisdurantlepremiermoisjeluidema
ndaismetrahirastuégalementàchaquefoisellemapportalaréponseesp
éréefinalementversminuitelledormaitousimulaittrèsbienelledevaitn
éanmoinssêtreeffondréedefatiguejemesuismasturbéenpensantàfan
nycesttoujoursàellequejemadressedanslessituationslespluspénibles
fannypluscointreaulemeilleurcocktailpourtrouverlesommeilàmonr
éveililfaisaitjourjemesuisreprochédenepasmêtrecouchédanslecana
pémaisleronronnementdufrigomestinsupportable

lixlincroyableoupresque

leplusincroyablesûrementdanstoutcelacestquenousayonsdenouvea
ueudesrelationssexuelleslanuitsuivanteaprèsunejournéedesilenceo
ùchacundanssoncoingrignotapouréviterunrepasencommunjemesui
scouchéjaifermélaportecroyaisjevraimentquecelalastopperaitellees
tvenueunquartdheureplustardelleaposésonpiedcontremajambejene
mesuispaspousséellemafaitunefellationcequinétaitplusarrivédepui
sdesmoissansdemandejemesuisendormiensuitenevoulantsurtoutpa
spenserencoremoinsparlerlematinelleétaitnuecontremoietellepritli
nitiativemattiraenellecerteselleaattenduenvainunjetaimemaisneme
nfitaucunreprochejemelaissaisfairesansparlerellemecroyaittristede
cettenouvelledécouvertejenavaisaucuneenviedelaquestionnersurqu
oiquecesoitnadègeoccupaittoutesmespenséesellemaégalementman
ipulé;jenrageais;depuislepremierjouroùjadoraispenserjenattendsrie
ndellejusteduplaisircétaitdéjàfauxjattendaisquellemedonnelaforce
dequittercetteaminaellesestlevéedouchéeetelleestpartietravaillerà1
0heures15escoursdébutaientà9heureslelundijemesuislevéeenpensa
nttrouverunmotsurlatablejeleredoutaisilnyenavaitpaslesoirelleestre
stéedanssachambrettemaislemardià17heures20ellearrivaitjenemes
uispasretournéeellesembleêtreimmédiatementdescendueaucongélat
eurchercherunpouletquandilfutprêtjétaistoujoursrivédevantlordina
teurellemaappelésansexagérationjusteuntimidecestprêtellemavaita
chetéunetropéziennejeluttaisjenevoulaispasmelaisserdenouveauen
traînerelleessayaitdêtretendresansostentationjepensaisjelaiprisepo
urcequellenétaitpasmaisaumomentdelalaisserpourcequelleesttout
monêtresestattachéàsoncorpsJaiaimécequelleauraitpuêtredoncsonc
orpsréeletsonespritdégagédesconditionnementsaijecrupouvoirlasor
tirdesonterribleendoctrinementouisûrementparfoisjyaicrusinousav
onsunenfantellechangeramaislemêmegenredepenséesdevaittrotter
danssatêtesinousavonsunenfantilseconvertiraelleavoulumechanger
jaivoululachangernousavonséchouéunenouvellefoisjerepassaisena
ccélérédeséchangesjacceptequetusoismusulmanealorsacceptequeje
soiscommejesuissansvouloirmechangercestpourtonbienquejeveux
quetusoismusulmantuverrastutesentirasnettementmieuxcequetune
veuxpascomprendrecestquejesuismusulmanedoncjenaipasledroitd

evivreavectoituvisavecmoiettoutiraitbiensituteconsacraisànotreco
uplejecomprenaissapositionmaisjenevoyaisaucuneissuesaufquelle
prenneconsciencequeriennelobligeaitàsuivrecesprincipeselleétaitv
enuevivreavecmoisansquejeluifassemiroiteruneconversiontoujour
slesmêmespenséesjeréalisaiscejourlànavoirjamaisconfiéàpersonne
jelaimeniàlécritniàloralilyadeschosestrèsfortesentrenousouipréten
dreàquelquunluiécrirejetaimeestunechosemaisnejamaisconfierjelai
meàsesprochestémoignesûrementdunprofondproblèmepuistoutare
commencéseseffortssesontespacésétioléslesdisputesréapparurentje
croyaispluslusenavoirlaforceetpourtanttoutarecommencé

lxfinduncoupleatypique

ellerentraitdunesemaineàbordeauxfinjuilletdébutaoûtchezsagrande
copinekageraellevoulaitquesonfilsconnaissetrèsbiensesenfantsquil
devaitconsidérercommesescousinesaprèsdesmoisdeviedecoupledé
composéeparsachambrettedeprayssaccesgrandesvacancesnenousp
ermettaientpasdevéritablesretrouvaillesmaissonfilsrevenaitavecno
uscequiannonçaituneannéeoùjedevraisleconduireaufootàlapiscineê
treàleurservicelàilétaitrepartiunmoisauchaletavecsonpèreilyadesco
uplesquiviventcommeçadurantdesannéesparcequilsontunproblème
etnousonaunproblèmeetjenemesenspasobligéedefairelamoursijene
naipasenvieelledevaitencemoisdaoûtrepartirunesemaineenavignon
chezsongrandamihomosexuelpascalsonprofpréféréàdjiboutialorsai
méensecretmaintenantquelleapprécielasodomieellevaluiproposerm
aconfianceenelleenétaitaupointquunetellequestionmetraversalespri
tunenouvelleorganisationsemettaitenplacenousnousverrionspeudu
rantlespériodesscolairesoùsonfilsnousserviraitderéducteurdesscèn
esetdurantlesvacancesquandsonfilsséjourneraitavecsonpèreellepart
iraitfréquemmentchezdesamisnousnenavionsnaturellementpasdisc
utécétaitainsielleagissaitdoncavecmoicommeaveclebertrandquise
mettaitparfoisencolèrequandelleluiannonçaitunmatinsondépartpou
rquinzejourschezkagerajenaijamaisvulutilitédeluienparleravantpui
squejavaisenviedyallerjenallaisquandmêmepasluidemanderlautori
sationcestcequellemeracontaen2008jeluiavaispréciséquecenétaitpa
sconceptionducoupleetellemexpliquaavoirtoujoursdécidéetlesautr
esdevaientsuivreoutantpispoureuxnousavionsréabordécepointenjui
n2010etellefutdaccordpartoutoùelleiraitceseraitavecmoinousforme
rionsuncouplefusionnelnousneformerionsplusjamaisuncouplefusio
nnelàforcederetournertoutceladansmatêtejaifiniparhurlertuchanges
decomportementoutuparsjenaipasàchangerdecomportementtumav
aispromisdenejamaisallerailleurssansmoituneveuxallernullepartav
ectesbêtestapeurdusoleiltapeauplusfragilequecelledunbébédetoute
manièretunaimespasmesamistumavaispromisdenejamaisretourner
dansunrestaurantavecunhommemêmepascaltuavaisajoutétuesvrai
mentjalouxjaidesraisonsdécoutermescauchemarstuaseudescauche
marscommesitunelesavaispasquandjemelèveàtroisheuresdumatinq

156

uejevaisdanslasalledebainsquejevaisdanslesalondurantuneheurequ
efaistujessayedemerendormircartuastoutfaitpourmeréveillertuchan
gesdecomportementtuesvraimentdansnotrecoupletutecomportesa
moureusementtumemontresdelamourcommentveuxtuquejetemont
redelamouralorsqueçanevapasentrenousquilyaunproblèmealorstup
arsdégagetrèsbiencétaitle7août2012elleestpartiele19notremariagef
utprogramméau20août2011maisretardécarsachèrekagerajuranepas
pouvoiryassisterpourcausedevacancesréservéeskagerapourquipatri
cksestconvertijamaisellenaacceptéquesonamievivedansleharamco
mmeellesprophétisentaijesimplementcouruaprèscettesemained'oct
obre2008oùnousavonspassédemerveilleusesvacancesfaitesdecomp
licitésetfrénétiquesunionselleabriséolepossiblelemerveilleuxavecso
nexigenceaimerjelaitoujoursconçucommeaccepterlautremêmedans
sesdéfautselleavoulumemétamorphoserenmoutonenlaregardantpar
tirjaisourienpensantilnefautjamaisaccepterdedevenirunmoutonenc
oreplusavecunefemmemusulmaneetjairepenséàseptembre2009oùd
umêmeendroitjelavaisobservéecettefoislàpartantaveckageraetunbr
asdhonneurafuséponctuédunsimplebondébarras

lxipablo

pablosestsuicidésonpèredéclaresursapagefacebookseulmessageenf
rançaiscequiexpliquesûrementsonabsencedéchoslajusticefrançaise
refusaitdelécouteràcauseerreurjudicairemonfilsestsuicidéjeconsacr
eraitouteénergietoutefortuneettempsàfairecondamnercetétatindign
edunenationeuropeuniedurantmesannéesauservicedeunioneuropée
nnejaiessayéporterenafriquenosvaleursetcestfrancetrahittoutceenq
uoijaicroirejusticeprésomptioninnocenceunefemmevulgaireprostit
uéeelleégalementderrièrelesbarreauxafaitcroirefilscoupablepoursi
nnocenteretjusticesuiviellecetteversionlafranceadéjàcondamnéepa
runioneuropéennejecroissagitnouveauaffairetrèsgraveoùnationalit
émonfilscontreluijemesuisretenudebalancerencommentairetagueul
econnardtesprincipesjelesconnaisettonfilslajusticelaécoutélamême
placédevantlespreuvesirréfutablesdesonadndansunebétonnièremai
snonjenedoispasmedisperserjedoiscontinuerdécriresonfilsestmortd
elapplicationdesesidéesdabsencedetoutscrupulefaceauxdésirsilvou
laitleculdelafilleetlefricdumecilaliquidélemecmaintenantquilséjou
rneenfranceaminavaseprécipiterleconsolerelleluitrouvaitdesairsde
cantonamaiscestaudskparterrequilressemblecevieuxmalgrécetémoi
gnagesursapagefacebookrienpasunelignedanslesmédiasaucuncorre
spondantdelafpducôtédagenlesfinslimiersdeladépêchedumidicroul
entsouslesdossiers

lxiisubmergéeetréalité

carloendétentionpréventivepourviolaggravésurmineurejenaipaspu
mempêcherdelécrireàaminaluiajoutanttuétaistrèsfièredavoirétésub
mergéetunétaisdoncquuncasordinairedepetitevictimequiécartelesja
mbesaprèslabsorptiondunepetitepiluleiltavaitfaitundeceseffetsaprè
scertestuyesretournéetrèsconsentantefinalementilnyaqueceluiquetu
mavaiscachéquitabaiséeavecjusteunpeudecinématonancienmariav
aitdéjàsuprofiterdetaconvalescenceaprèstonmalaiseaumonoxydede
carbonetuasrêvédegrandsamantspourmetromperettunastrouvéqued
esmâlesalléchésparlapartienonmusulmanedetonanatomietumedégo
ûtestunesquunetricheusequiretourneraauprèsdesonancienzozopars
écuritéfinancièremaisavantnotesurmeeticquetuasl'irritéconsolateur
tutrouverassûrementdesclientsfinalementellearécoltécequesamèrel
uipromettaitensecollantconstammentauxhommesamicalementqua
ndtuveuxtropséduireilfautparfoisdonnerdetoncorpsmêmesileplaisi
rrestelimité

lxiiilalettredepablo

pabloalaisséunelettreàsonpèrequilignoraitsûrementavantderéagirel
lepeutêtreconsidéréecommeunaveuunelettrequivaplacercecarlodev
antsesactesjenelaipasluemaistoujourslesconfidencesdelinspecteurl
esfemmesdoiventêtreutiliséespourcequellessontmaisilfautleurendi
relemoinspossiblejaiétééélevéaveccegenrededéclarationsettudoisêtr
esatisfaitdavoirtoujoursréussiàprofiterdellessansrienleurdonnerfin
alementjepayepourtoutcequetuasconsommémaislaquelleasturendu
eheureusecenefutjamaistonbutmêmepourmapauvremèrequiafinipa
rmourirdechagrinàcausedetesmaîtressesetellenesavaitpastoutouiles
femmesnecomprennentrientrahissentsystématiquementtonaminase
stmêmejetéedansmesbrasdèsquetulaslaisséeuneheuredanslapparte
menttutrouveraissûrementquejaieuraisondenprofiterleshommesdoi
ventprendreleurplaisirdèsquilslepeuventenutilisanttespetitesfioless
inécessairequandjavaisdixansjeteregardaisparlaserrureajouterquel
quesgouttesdansleverredejusdorangequetuportaisensuiteànadègetu
aimaislaviolerendouceurettumenasdonnélesrestesjesaistunasjamai
sviolépersonnemêmemescousinesellesfurenttoutesconsentantesco
mmejesuisconsentantpourenfinirtoutsimplementcarjenenpeuxplus
devivredansunmondeoùjesuistonfilsenlinspecteuruntouscoupables
sestalluménulnesttotalementinnocentilsuffitdetrouverlemotifdecon
damnationpourchacunilanaturellementetsanspressionquestionnéa
minaquiluiauraitsimplementpréciséjenairienàvousapprendrejenaiv
uquunefoislefilsetaveclepèrenousnavonspluslemoindrecontactdep
uismai2010tousleséchangesquevouspourriezretrouverentreuneadre
ssemailàlaquellejenaiplusaccèsetcelledecarloilsagitduneusurpation
didentitéparmonanciencompagnonquiaainsiobtenuleséchangesque
javaiseusaveccarloquandnousavonsvécuunegrandemaisbrèvehistoi
redamourenfévriermarsetavril2010jaieulironiedajouterjesupposeq
uelleaconcluparunvoussaveztoutcefutlecasjenotaislaprésencedefév
rierdansleuramimourage

lxivnadègeplaideralinnocence

ouipabloétaitvenularejoindreouiellelecachaitdanslegreniercarilséta
itimposéellelevoyaitlemoinspossibleouiellesestabsentéedurantlapr
èsmidinadègeplaideralinnocencemaissademandedelibertéconditio
nnelleaétérefusée

lxv44ans

jaiquarantequatreansetjesuisseulalorsquele27octobre1990futsûrem
entleplusbeauleplustendredemesanniversairesjavaisvingtdeuxanse
tnousnousaimionsnousprojetionsdansunavenirradieuxnousétionsje
unesetinsouciantsjenetaipasoubliéeilmesemblemêmequetoutcelase
passaithierquaminaestbienpluséloignéequetoidansmessouvenirsjai
quarantequatreansetjesuisseulnousnousétionsséparéspoursipeupre
squerienvudaujourdhuiensachanttoutcequejaiacceptédurantcesquat
reannéesmaisfinalementquiacomprismonbesoinlittérairequicompr
endcettequêteduneœuvrequandjepourraisfacilementfairecommeles
autresobteniruntravailhistoriquementinutilemaiscorrectementrému
néréunécrivainestcondamnéàlasolitudepasunécrivainpantinquipay
edescoupsauxjournalistespoursefaireremarquermaisunécrivainindé
pendantsuisjeécrivainjenemensorspasaveccettehistoiredekaderpou
rtantlàjepeuxfoncertoutreprendrelessentielestpasséquenadègesoito
unoncondamnéenychangerapasgrandchose

lxvipublier

jenesaisplussuisjelécrivainoulacteurdecetteaffairepuisjepublierpou
rquoipublierparcequejaibesoindevendredeslivresetquilsagitduseulr
omanenmesuredêtrerapidementterminépouroubliercettehistoiredeu
xfemmesonteubesoindunhommeàunmomentdonnéetjecorresponda
isauprofilellesmontutiliséjyaiprisduplaisirmaisjaieutortdecroirequ
elebaratinentourantcesrelationsengageaitàquoiquecesoitilsagissaitj
ustederendrepossiblelinstantaminamatoujourssuathéejeneluiaijam
aiscachémadifficultéàcomprendrequedesadultespuissentréellement
etidéalementcroireenundieumaisjamaisjeneluiaidemandédecesserd
ycroirejesaisquilestinsupportabledesaccptermorteljelerefusejensu
isindignéjecomprendsdoncquonpuissesepersuaderquelimmortalité
souhaitéeestuneréalitéquenotrecorpsnestquelhabitdonnépourcettev
ieetquensuitetoutlemondevivralenirvanadesâmesetretrouveralepèr
emortàtrentecinqansjaiaccéptécettehistoireavecaminajaicruennotre
intelligencenotrecapacitéàpréférerlebonheurjusquenavril2010ouiil
mefautbienrendrehommageàmescauchemarsilsmavaientinforméde
toutdèsseptembre2009enobservantcettehistoireauprismedecescauc
hemarsjedoisenconclurequaminaestréellementretournéeàaddisabe
bapoursonfilsentraînéeparlebertrandencoresonmariquiluidéclarasa
décisionirrévocablederepartiravecleurfilsquellepouvaitresterenfran
ceouveniraveceuxmaisqueleurfilsvivraitavecluidurantlannéescolai
re20092010elleacrunepasavoirlechoixalorsquellepouvaitdemander
ledivorceimmédiatementcequiauraitbloquéenfranceleurenfantmais
illatenaitparsonagentauquelmêmemariéeellepensaitnepaspouvoirto
uchersanssonaccordsurtoutpourenenvoyeràsamèreetjesuispersuadé
quellenajamaisvoulucoucheraveccluiilasuprofiterdelopportunitédes
onétatsecondsuiteàsonintoxicationaumonoxydedecarbonequasime
ntnonsoignéebienquelleperditconnaissancejenepensepasquilsoitall
éjusquàprovoquercetaccidentilasimplementimmédiatementcompri
squilpouvaitjouersursanaïvetésabontépourpleurersursespropresma
lheursalorsquelleplanaitmaisellenapaspulaccuserdeviolcommeelle
napaspumavouercettefauteaveclacertitudequejexigeraissonretoure
nfranceensachantquellemecomprendraitetdevraitséséparerdesonfil
settoutsestenchaînéaveclerésultatdesontestvihellesesentaittrèsmale

163

tsestlaisséeséduireparcebeauparleurdecarloilcherchaitunefemmeje
uneetjolieiladabordessayéuneblondeellelavaitobservéilfutéconduit
etsestrabattusurlanégressececfutlunedeleurspetitestensionsdedébutd
aventuretoutescesperturbationsquelonsestenvoyéesdeseptembreàd
écembreonttotalementgâchénosretrouvaillesfin2009etunenouvelle
foistoutsestenchaînéencoreplusloinjusquaujouroùellesestaperçueq
uenfincetteannéescolairesachevaitetquellemaimaitvraimentetellees
tarrivéele14avril2010enayanttoutoubliémaislerisqueduvihexistaite
touisilnyavaiteuquelleellesenfoutaitmaisellenevoulaitpasrisquerde
mecontaminerdoncelledevaitseconfessercefutlemoinspossibleellea
voulumeconsolerelleamêmeoccultécetteinterdictiondevivreavecun
nonmusulmancetteinterdictiondelasodomiemaistoutcequelleavaitf
aitjelavaisressentietquandellemejuraittusaistoutmêmesursonpèrem
êmesurlecoranjeressentaisquenonçanecorrespondaitpasauxsensati
onsenmoipourquoietcommentuntellienapuexisterunetelletransmiss
ionémotionnelleçaresteraunmystèreuntellienestpossibleentredeshu
mainsceuxquinelontjamaisvécunepeuventlecomprendrecétaitçalun
ionphysiqueetspirituellequejecherchaisjétaispersuadéquecétaitposs
iblepasàcepointmaispossiblealorsjelaicherchéjelaitrouvésinadègel
avaitvoulunouslaurionsprobablementégalementconnucequenousav
onsvécuendixneufjoursmelalaisséentrevoirsuisjearrivéaprèsdeuxd
écenniesdedifficultésavecmoncorpssouventvictimedesesémotions
àatteindreunecapacitédefusionjesaismaintenantquilnyaplusrienave
caminalacordequifuttroptenduesestbriséeetellemesembledisparued
ansunpasséintemporelellenemesemblepasplusprochequebettyceta
mourpresquesecretdemesquatorzeansunpasséintemporeljaicherché
surinternetcetteexpressionprésentedansmatêtedepuisplusieursjours
maispersonnenenparlelepasséintemporelonnousfaitcroirequilfautd
aternossouvenirsbetty19821984angélique19891991amina2008201
2maisnonlepassénapasdedatecommejenaipasdâgelesonzeannéesde
différenceavecaminacommelesvingttroisavecnadègenontjamaisexi
stéquandnousétionsensembleletempsnexistepasjepeuxmêmeavoirl
impressiondavoirconnuaminaplusâgéequebettylapenséeéveilléeces
tcommelerêvenouspassonsduneépoqueàlautresanstransitionsansba
rrièrestemporellesniphysiquespenseràbettycestlimpressionquenotr
enonhistoireestplusrécentequecettedériveavecaminanonjenesuispa

sfoudelamêmemanièrequejaidécouvertaveccellelapossibilitédunefu
siontransmissiondesémotionsjeviensdedécouvriravecsondépartlint
emporalitédupassélavienestpaslimitéedelamanièredontonnouslain
culquéenousdevonsdécouvrirnoscapacitésjignoresitoutlemondepo
ssèdelesmêmesjignoresijesuisarrivéauboutduvoyagemaisjesaisque
certaineschoseshumainesnepeuventsevivreseullêtrehumainabesoin
dunefusionpouréveillercertainescapacitésildoitenexisterdautreslav
ieneméritepasdêtreperdueencombatsinutilesjesaisbienquedeconsac
rerdutempsàmalvybayletcahuzacoufilippetticestmintéresserauxom
bresdelacavernedeplatoncesgenslàontchoisiacceptédenêtrequedeso
mbresellespeuventeffectivementsusciterlenthousiasmedélecteursq
uilesprennentpourlaréalitépublierpourdemanderconnaissezvouslin
temporalitédupasséconnaissezvouslunionphysiqueetspirituellejusq
uàlatransmissiondesémotions

lxviilenfantdenadège

desdatesrestentincrustéesmêmeaprèslesavoirdésidéaliséeslerdéce
mbre2012nadègeaaccouchédungarçonlinspecteurmelappritdemani
èreanodineoualorsquelexceptionnelacteurilneutpaslairdobserverm
esréactionspourtantaprèsquelquesminutesbonacteursûrementilmeg
lissavousvousdemandezsivotrenuitpourraitcoïncideraveclaconcept
ionjeviensdecompterdébutavrilplusneufmoisçaentraînaitàdébutjan
vierelleétaitdoncdéjàenceintedunmoispeutêtrepaslagrossessecestpl
utôttrenteseptsemainesqueneufmoiscenestpaslamêmechoseneufm
oiscesttrenteneufsemainesilnemanqueraitplusquecelajesupposeque
vousavezcomptéle4avrilcestpastoutàfaittrentecinqsemainesavantle
lerdécembreetlenfantnesemblepasêtreunprématuréoufmaissile4av
rilcenestpastoutàfaittrentecinqsemainesenreculantdedixneufjourso
ntombepilesurlestrenteseptsemainesobservaitimmédiatementmone
spritalorsquejessayaisdenerienenmontrerdoncelleneprenaitpluslapi
luleetasouhaitéquejepuisseêtrelepèredecetenfantellesavaitpourtant
quofficiellementilseraitceluidesonmaritrenteseptsemainesjourpour
jouraprèsnotredimancheengariotteilsemblemaintenantévidentquell
enaeuaucunerelationaveccepabloàcettepériodesilenfantestbiennétr
enteseptsemainesaprèssaconceptionmaissilsagitdunprématurépuisj
econtinuerdécrireavantdesavoirpuisjepublierquyavaitildanssatêteq
uandellemaimaitbienmieuxquaminacherchaitellelemoyendesortird
esgriffesdesesbourreauxétionsnouslesêtrespursquisesontreconnus
maisnepeuventsevoirquensecretcefuttellementdifficiledemedébarr
asserdaminapourtantminablemesquineetinsignifiantepetitemanipul
atricequilmefautcomprendresesdifficultésfaceàcesmonstressansscr
upulevaisjetomberdanslidéalisationdenadègevictimedutriodessala
udsdepuissesdixansétaitellevraimentvotreamantejattendscetteques
tionellenevientpasmaréponseestprêteouiellelefutdurantdixneufjour
sellesavaitquelemecavecquiaminamavaitcocufiéétaitlepèredepablo
uncertaincarloquilaviolaquandelleavaitdixanscommevouslesavezd
ésormaiscettehistoirenousarapproché sétcequidevaitsûrementarrive
rarriva

166

lxviiilalettredenadège

salettreasuiviuneprocédurenormaleellefutdonclueavecattentionelle
lesavaitcétaitdoncàmoidecomprendreleséventuelsmessagesmasqué
sstéphanejeteremerciejétaislaprisonnièrequotidiennementdroguéee
tsanstoninterventionjeseraisaujourdhuisûrementtoujoursdanscetéta
tquelquepartenafriquesijavaisfuiquandnoussommesallésàlincinérat
ionilauraittuémamèreundesesamisavaitlordredelefairesilluiarrivait
quelquechosequandlesgendarmesnousontarrêtésjaiimmédiatement
hurléprotégezmamèreundesesamisvalatuersilapprendnotrearrestati
onjenepouvaisenarticulerplusjétaiscomplètementdroguéemaisçace
stsortiilaprétendunelécoutezpasellesedroguecestunejunkieheureus
ementlesgendarmeslontprotégéeexcusemoipourcettedernièrerenco
ntrejenepouvaisrienteconfierjavaisdeuxportablesalluméssurmoisij
eleséteignaisilmavaitprévenuquejelepaieraiscestladernièrefoisquel
onsestvustéphanejesaiscombientuasrespectémadouleurcenestdonc
pasparmanquedeconfiancesijenetenaipasditplusjétaispiégéejaurais
sûrementdûtécriredurantletrajetmaisjétaistellementdroguéejesaisle
scyclesdelavieetjaiespoirquaprèslareconnaissancedematotaleinnoc
enceunebellepériodedébuteraausoleiljenevivraiplusjamaisdanslagr
isaillejaienviequemonenfantnéle1erdécembreetprénomméromaing
randisseloindecesbarreauxetconnaisselavéritélavéritéjelaluidiraim
aisjevoudraisquilgrandisseprotégédelafoliedecemondejepensequet
ucomprendrasjignorecequetuaspupenserdemoisituaspumecroireco
upablejignoretoutdecequiseditsurmoiembrasseaminajepensequeto
utecettehistoirelaégalementremuéemaisquevousrestezdansvotregra
ndeharmonienadègeromainjemesouvenaisalorsimmédiatementdav
oirracontéànadègeellevoulaitquenousayonsunenfantjétaisdaccordn
ousnenparlonsplusdepuisquelquesmoismaismêmepourleprénomau
cunterraindententenefutpossiblehamedalimoussamohamedjedevai
schoisirentrelundecesquatreprénomsetsarahpourunefilleleprénomd
esamèrefrancisémaisétymologiquementprincessecequidéclenchau
neterriblecrisequandjaisuquillappelaitainsiouidevantellepournousc
étaitladindemusulmaneettoiquelprénomtuauraissouhaitépourunefil
leromanepourungarçonjenesaispasmaisassurémentpasunprénomm
usulmancenestdoncpasunhasardsisonohcetteenviedepensernotrefil

167

sseprénommeromainlecycleilsagitforcémentducyclemenstrueletdo
ncpersonnedautrenelapénétréedurantsesjoursdovulationquantàsaq
uestionsuraminaellesaitbienquharmonienepouvaitqualifiernotreco
uplemaiselleignoreforcémentnotreséparation

lxixlettreànadège

nadègecestcompliquélaviesouventoncroitonespèreonattendonespèr
elharmonieetrienonseretrouveseulavecsespenséesquivoientlemalp
artoutàforcedesubirdesreversaminaetmoilharmonienétaitquunefaç
adeseulslesintimesconnaissaientnotrenaufragecestfinidepuisaoûtje
mesouvienstrèsbiendecevoyageàcahorsoùtusemblaistrèsperturbéej
elétaiségalementilestvraimesmainsontsouventtremblécefutdifficile
jecomprenaisquececesoitencoreplusdifficilepourtoimaisjamaisjenaur
aisimaginéquetupuissesainsiêtresurveilléejetavouenepasavoirimag
inécelajetavouequelaprésencedecetindividuàtescôtésmasemblétrès
suspectejespèresimplementquelavéritéserarapidementconnueparfo
isjenesaisplusquepensertellementcettehistoireestincroyablemaisilf
autquetuaiesconfianceennotrejusticeromainestunbeauprénomjigno
resitulesaismaislequercyfutuneterreromainecahorssappelaitalorsdi
vonajespèrequetupourrasbientôtluimontrercessentiersquetuaimest
antcespigeonnierscesvieillespierrescesgariottescourageetnhésitepa
sàavoirconfianceenlavéritésituesentotalesincéritélavéritéfiniraparê
treconnuepartoutlemondestéphane

lxxaubervilliers

samedi15décembre2012aubervillierstroisjeuneshommesdorigineit
aliennedunevingtainedannéesassassinésdansleurcitéilssetrouvaient
àborddunemercedesnoiredelocationarrêtéedevantlentréeeketsontdéc
édéssurlecoupaprèsavoirététouchéspardesprojectilesprobablementt
irésparunekalachnikovetunpistoletdegroscalibreselonunesourcepro
chedelenquêtetroismotosfurentaperçuessurleslieuxlesinvestigation
sontétéconfiéesàlabrigadecriminelledelapolicejudiciairedurantpres
queuneheureunechansonberçalequartierlapoliceenattentedesdifféré
ntsspécialisteslaissatournerlelecteurcddesvictimesbloquéavecàfon
dletitredunechanteuselocaleloruneusineàrêveuneusineàrêvemarlèn
emarylinettoutesleursfranginestoujoursdesfillesfragilesdesdécenni
esquellesdéfilentdansungrandjeuoùdesmégalosseprennentpourdieu
ettoiaujourdhuitoiquiasgrandiavecpourtoutmodèledesactricesdesto
pmodelstusaisqutesbelletuveuxdlavieplusqueduréeluneusineàrêve
scestplaireoucrèveuneusineàrêvesoùquandonteditpensecestpensea
uxapparencestuvoisdesgaminesdevnirhéroïnesellesnontriendplusq
uetoilesmédiasensontfadastucomprendspaspourquoiilesproducteur
strépondentpasalorstudéprimesdescenteenabîmemaintenanttudiso
uiquandonteditcestainsituleslaissesfairetuveuxtantvoirlesoleilsurte
rreuneusineàrêvescestplaireoucrèveuneusineàrêvesoùquandontedit
pensecestpenseauxapparencescommentcesjeunesavaientrécupéréc
etalbumjeredécouvraisalorsquelorvivaitégalementdansce93javaisl
esouvenirderégionparisiennemaisnaijamaisprêtévraimentattention
auxnomsdesvilleslorestlunedessixinterprètesdelalbumvivreautrem
entaprèslesruinesquejairéussiàproduireetquifutunbideretentissant
mercredi19décembre2012aubervilliersquatrejeuneshommesdorigi
nemaghrébinedunevingtainedannéesassassinésunevoitureabloquél
eurclioaufeurougetandisquelesoccupantsdunsecondvéhiculeouvrai
entlefeulesdeuxvoituresutiliséesparlesagresseursontétéretrouvéesb
rûléessurlacommunedeneuillyparcdescoteauxdavronàunequinzain
edekilomètresdeslieuxdudramelespremierséléments delenquêteper
mettentdimaginerquilyauraitunlienaveclecrimedesamedidernieroùt
roisjeunescettefoisdorigineitalienneavaientétéabattusdansdescondi
tionsprochesleministredelintérieurmanuelvallsrapidementsurplace

170

adénoncéuncrimedetropinacceptablelaguerredesgangssurfonddetra
ficdedroguesembleentrerdansunephasedeviolencecommenenavait
plusconnuledépartementdepuisunedécennievendredi21décembrepr
isondefresnesviolenceenprisonégalementunhommedunesoixantain
edannéesincarcérépourviolsaggravéssurmineuresaétéassassinédura
ntsapromenadeàcoupsdepicsàglaceaucunehypothèsenesemblepouv
oirêtreécartéedelasimplebagarreayantdégénéréàlanaturedesfaitsrep
rochésenpassantparleracketsurunhommefortunédontlidentiténapas
étérévéléeunedépêcheanodinemaisjapprisquilsagissaitdusieurcarlo
aucunepeinepasmêmelenviedesignalercetteconclusionàaminalague
rreentreritalsetbeursétaitbienredémarrée

lxxilettredenadège

stéphanemercipourtaréponsejeregrettedenepastavoirécritplustôtjai
denombreusesfoishésitémaistellementdeproblèmesmesonttombésd
essusjenairienvouludetoutcelaheureusementjaienfinlimpressionda
percevoirlalumièremonavocatpensequecettefoisunedemandederem
iseenlibertédevraitêtreacceptéelidéalseraitquejepuisseobteniruncer
tificatdhébergementdunepersonnedelarégionpourromainetmoituse
raspeutêtresurprisquejemepermettedetedemanderceservicejecompr
endraisnaturellementquedesraisonstenempêchentmaisjosetadresser
cesformulairesjaimeraisdenouveaupouvoirmarcherdanscessentiers
liretranquillementappuyéecontreunchênecommejelefaisaislesaprès
midisdebeautempsminstallerdanslagariottequandilpleutcommelesc
hosessimplesetnaturellessontbellesmeremplissentdespoirjenaijama
iscessédavoirconfiancejenaileauàlaboucherienquausouvenirdetout
cequejaidécouvertdanscequercyjaimecevillagesicestpossiblejaimer
aisyrevivremonavocatmelaisseespérerjailafoliedelecroirejespèrequ
etuvasbienetquunjourjeliraitonnouveauromantusaisquejaibeaucou
paiméilsnesontpasintervenusbienamicalementetavectousmesremer
ciementsnadègejerépondaisimmédiatementnadègecestavecgrandpl
aisirquejeviensderemplircesformulairesmêmesilesdocumentsadmi
nistratifsmesaoulenttoujoursjeteremerciedavoirpenséquevotreprés
encepourraitégayermasolitudejenemyconnaisabsolumentpasenlibe
rtéconditionnellemaisnhésitepassijepeuxtepermettredaccélérercert
ainesprocéduressoitparmavisitesoitpardesécritsjaireçutalettredufac
teurcemidijemeprécipiteraijusquàlapostepourladéposeravantladern
ièrerelevéeunejournéedegagnéepourtoiquienaspasséesbientropderriè
recesbarreauxjemedisquecestbeaucoupimaginemoicouriravecunee
nveloppeenmainjespèrequicituretrouveraslesourirebienamicaleme
ntstéphane

lxxii25décembre2012lepireesttoujourspossible

profitantsûrementduncertainrelâchementdanslattentiongénéralequ
atrehommesontréussiàsintroduirediscrètementdanslamaisondarrêt
dagencematinlànadègeétaitlaseulemèredanslapouponnièreilsontlig
otélagardiennedanslecouloirlagardienneselonsadépositionsesouvie
ntdelensembledesparolesprononcéestuvascreversorcièreellesemble
avoirprisunenfantdanssesbrasdonneçalundesmeurtrierssembleluia
voirarrachécetenfantjenepeuxpasdistinguerlesquatrevoixseuleslesp
arolessesontincrustéesenmoirendezmoimonenfantacriéplusieursfoi
snadègepuiselleapousséuncriatrocejenaipascomprissurlinstantmais
lenfantfutalorségorgéilsontbâillonnéenadègecommeçatupourraspl
usgueulersorcièredellejenaiplusalorsentenduquedescrisétoufféstuv
ascreverpareilsorcièreavanttupayeronvasoffrirduplaisironatousrêv
étonculfautpastucrèvesavecceritalderniertuappartiensaumaîtreilslo
ntvioléejignoresilesquatrelontvioléejelentendaisjusteessayerdesed
éfendreetnepouvaisrienfairelundeuxestvenuregardertroisfoisdansle
couloirquandilnyapluseuaucungémissementjaisentilodeurdepailleq
uibrûlaityeahbeauboulotchefsrafiernousaprononcélundesassassins
yeahsembleavoirétéleurcrigénéralçaaduré22minutesentreletempso
ùjaiétéattachéeoùjaifixémonregardsurlapendule8heures06etquandi
lssontpartisà8heures28etjenavaispasréussiàatteindrelaportequandp
ascalestentréà9heures12ilsavaientemportédelapaillequilsluiontenf
ournéedanslevaginetlanusilsontimbibéletoutdalcoolàbrûleretcraqu
éuneallumettecommepourlesvoitureslescorpssebrûlentpournelaiss
eraucunetraceadnladndesquatresuspectspermitnéanmoinsleurarrest
ationsousquatrejoursaveclaidedescamérasdesurveillancedelaprison
etdelagaredagennadègeestmorteégorgéemaissoncorpsétaitouvertde
partoutetcestavecsonsangdesamaindroitequavantdexpirerelleatracé
uncœurunsuntetunebarreverticaleilnefaitaucundoutepourlespolicie
rsnipourmoiquilsagissaitdudébutdunedanssacelluleunelettreattend
aitlepassagedufacteurjaipulaliremaiselleresteaudossierjesuisdésor
maispersuadéquelleaimmédiatementcomprisquilsvenaientlestuerel
leetlenfantelleasauvésonfilsensesaisissantdunautrequesamèresouh
aitaitabandonnerquipourraitleluireprocher

173

lxxiiicemonde

jevisdanscemondejevisdanscepaysciviliséappeléfrancejesuisnéen1
968jaiconnulahantisede1984ilsepasseraitquelquechosesûrementla
guerreaveclurssjaurais16ansjeseraisrapidementmobilisablecestceq
uiseracontaitchezdesgensquinavaientjamaislugeorgesorwelljaicon
nulaguerrefroideleunjourilsnousenverrontunebombeatomiqueeton
seratousmortsjaiconnulachutedumurdeberlinmaisjemintéressaissur
toutàangéliquepenséeéternellejaiconnulaprédictiondelafindesconfl
itsjairefuséleservicemilitaireplutôtp4quepigeonjairefusédemoisirtr
enteseptansetdemicauraitétéaumoinsquarantedansunbureaujairefus
élatuniquedupiondungrandgroupedevivendiàlagardèreenpassantpa
rgaļlimardsonyoulebaronernestantoinejairefusédequémanderunstr
apontinchezlesinstallésjesuisdulotmaisdaucundeleursclansjaivoulu
vivreàlacampagneyvivretranquillementetjemeréveilledansunmond
eoùdescroyancesreligieusesinterdisentàunefemmedaimerlhommeq
uelleaimeoùdeskalachnikovsetdegroscalibressedégainentcommede
sappareilsphotosjesaisbienquederrièrelesapparencesceterritoireest
gangrenédetouslescôtésquedanscettegrandedémocratieleprésident
delacommissiondesfinancesde2010à2012peutlogiquementsinstalle
rauministèredubudgetsocialistechargédelutterenfinefficacementco
ntrelafraudefiscaletoutentransférantsonargentdiscrètementsortidel
hexagonedunparadisfiscalàunautreetdanscepayslaministredelacult
urepeutrestersouscontratavecleprincipalgroupedéditiondesassociat
ionspeuventrecevoirdessubventionsduconseilgénéraldutarnetgaron
neetlesdépenserenachatsdepublicitésdansladépêchedumidigroupeé
galementpropriétaireduneagencedevoyagevivelaministredutourism
emartinmalvymourrapeutêtreconsidéréjesaisbienquejenetrouveraia
illeursaucunendroitoùvivrelaviecommejelavivaispresquecetidéalq
uejaicrupossibledepartageravecaminamaisellesouhaitaitautrechose
ellenafinalementjamaisappréciécebledrapidementellemannonçaav
oirsimplementacceptédevenirtemporairementdanscetroumaisquun
jourilfaudraitquelonparteàdjiboutiéitaitsonpaysilyfaisaitbeauonsac
hèteraitunevillasurlescollinesaveclirrigationunmagnifiquevergerde
manguiersbananiersbienmieuxquiciquàtrentedegrésmapeauexplos
eelleshabitueraitetlesrichespeuventsepayerlairconditionnéjesuisné

danscepaysjaichoisidevivredanscequercyjignoraisquilsagissaitdun
eterredeclansunseulmédiaunseulpartioupresquejenesaisplusnadège
jeterevoisvomirsurmoijemerevoisvomirsurtoijevomissurcemondel
arévolutionquilaméritenesommesnouspassimpleslambeauxagenou
illésdevantdesmillionnairesimbusdeleurpositionsûrementconscient
srarementquellenereposesurriendeconcretdoncencoreplusobstinésà
essayerdelapréserverenécrasantenmanipulantlesinférieurs

nadègearefuséladécisionduconseildesministresoùfaridlecousinavai
tsuccédéauchefelledevaitlépousercequipermettraitàlargentetàlafem
mederesterdanslafamilleunavocatavaittransmisunedemandedemari
ageargumentéequidevaitsedéroulerenprisonenspécifiantquilsagissa
itdunetraditionfamilialeobligatoirequilavaitétédésignéparleconseil
defamillecommeceluidevantlarecueilliraprèslapertedesonmaridans
daffreusescirconstanceslemariagedevaitsedéroulerleplusrapideme
ntpossiblenadègeavaitfaitrépondrequellenevoulaitabsolumentrieng
arderdelargentdekaderquetoutreviendraitàsafamillequelledemanda
ituneannulationdeleurmariagequellesétaitmariéesouslamenaceque
dèssasortiedeprisonellequitteraitlafranceoùellenepouvaitplusvivre
quenaucunefaçonelleseremarieraitunjour

lxxvlagardienne

lagardienneasouhaitémeparlercefutenprésencedepoliciersquiontco
nsignélensembledenotreéchangeilsagissaitdeconfronterunsuspectà
untémoinelleétaitdevenuelaconfidentedenadègepersuadéequecettel
ongueépreuveallaitbientôtseterminerqualorsellesortiraitinnocentée
etquenfinlavraieviedébuteraitaveclepèredesonenfantdoncccenestnik
adernipablojeluidemandaisellematoujoursrépondudunsimpleetma
gnifiquesourireêtesvouslepèredecetenfantestintervenuunpolicierqu
ejenavaisjamaisrencontrédanssseslettresnadègelecroyaitvoulaitmen
persuadercesteffectivementpossiblecarnousavonseudesrelationsse
xuellesmaisellevivaitaveckaderetlautrelitalienestégalementvenular
ejoindredanssapremièrelettrequevousconnaissezsûrementparcœuré
galementelleutiliselemotcyclequipourraitsignifierquelleaobservéso
ncycleetnauraiteuquavecmoidesrelationsdurantsonovulationquelle
sétaientsesrelationsaveckaderjenensaisrienpuisjedemanderuntesta
dndanscescirconstancesjepensequilseraaccordémaissilagrandmère
delenfantauquelilestconfiélerefuseilvousfaudraprendreunavocatetr
ecourirràuneprocédureparfoislonguelagardiennenousapportéuneré
ponseausujetducycleillavaitsodomiséedevantunvieuxvoisinetdèsce
jourilnétaitplusentrédanssonvaginquelleprétendaitirritéhypothèsec
rédiblenadègefutincinéréeunlieutenusecretdanslaplusstricteintimit
éjaisouhaitéyassistermademandefuttransmiseàsamèrequirefusaelle
ademêmehuitjoursplustardrefusécettedemandedetestsadncestunfou
unaffabulateurilpensequelepetitvahériterdunesommecolossaleilny
aquecelaquilintéressecommelautrefaridlinspecteurdelattreétaitdéso
léilmindiqualuniquevoiepossibleprendreunavocatetsuivrelaprocéd
urelégalelavocatdefaridavaiteffectivementdéposéunedemandedadao
ptionmaislesquatreassassinsavaientavouélavaientdésignécomman
ditaireducrimeavantdetotalementserétractersijeluiécrisunelettreacc
epterezvousdelaluitransmettreilahésitéoumimélhésitationsacopies
eranaturellementverséeaudossiernaturellementjelaiécriterapideme
ntsurlecoindunetableàlamainlesoirenrelisantlebrouillonjeregrettais
denombreuxpassagesmadamepourlinstantjenesuiscertainquedunec
hosedepuissanaissancenadègeatoutfaitpourmepersuaderquejesuisl
epèrederomaincommevouslesaveznadègeestmorteenpensantàmoie

177

ntraçantdesonsanguncœuretenécrivantledébutdemonprénomdurant
sadétentionellemaécrittroislettresdeuxquejaireçuesetunequejaipuli
reenattentedenvoiverséeàsondossierleprénomderomainnestpasunh
asardellesavaitquemonprénompréférépourunenfantétaitromanenou
snavionsjamaisparlédunprénommasculindanssapremièrelettreelle
medéclarademanièreimagéeellesavaitquelleseraitluesonabsencetot
alededoutesurlenomdupèrelecyclejevousavoueavoireudesdifficulté
sàlacroiredu16marsau3avrilnadègeetmoiavonsétéamantsletermees
ttrèslaidpourlamanièredontnousavonsvécuces19joursellevivaitave
ckadermoiavecaminacommevouslesavezsûrementkaderavaitréussi
àlapiégeretmoncouplenexistaitplusvraimentquandjaiapprislhistoir
eaveclitalienjaidabordcruquelleavaittrichéavecmoipuisilyeutseslett
rescommevouslesavezsûrementcestchezmoiquellesouhaitaitserend
resisademandedelibertéconditionnelleétaitenfinacceptéejecompren
dsvosréticencesàaccepterocetestadnjelesaispourtantnécessairenadèg
eauraitelleimaginétoutcelapoursaccrocheràlapossibilitéquelepèred
eromainsoitceluiavecquiellesouhaitaitvivrejesaisbienquetoutestpo
ssibledurantnos19joursdamourelleprononçasouventilfautquontrou
velasolutionpourvivreensemblequevousdiredeplusnevousinquiétez
pasvousséreztoujourslagrandmèrederomainnousparlionsparfoisde
vousjailimpressiondunpeuvousconnaîtremalheureusementnadègen
apaseuletempsdevousparlerdemoijecroisquellemaaimécommeelle
navaitjamaisaiméetcestunedouleurimmensedenerienavoirpufaired
enepasavoircomprisavantpourquoinematellepasécritavantjenensais
rienquevousdiredeplusstéphanelestestsadnfurentimposésparlajusti
cejailimpressiondavoirétédenouveaumanipulédanslebutdobserver
mesréactionslesconfronterauxélémentsconnustoujourscettehypoth
èsequenadègeetmoiayonsjouéunjeudangereux

nemeleprenezpassuppliasabinesagrandmèreenajoutantauborddesla
rmesilesttoutcequilmeresteaumondejenavaispourtantledroitmaisne
mesentaispaslaforcenilacapacitédemoccuperdunenfantfutillemienj
aieubeautouttournerdansmatêteaucunesolutionnygermaitemmener
cetenfantoulelaisserdanslesdeuxcasmaviesannonçaitimpossiblejel
uiproposaisdemaccompagnerdanslelotluiprécisantquelamaisonestg
randemengageantàluilaisseruneaileunechambreunbureauetconclua
ntsurnotrecapacitéàsarrangerpourlacuisineluiconcédantmêmeneja
maismêtreoccupédenfantsdepuislesévénementselleposaitencongés
maladieelleaccaptacetteuniquesolutionjecomprendsquevoussouhai
tiezassumervotrerôledepèreromainfuttrèsperturbéparcenouveaudé
corenfinjelecroyaisenconstatantquedèsquonlepensaitendormietquit
taitlapièceilseréveillaitenhurlantfinalementsabinemeconcédalavoir
toujoursconnuainsidormantmêmeàsescôtéscomprenantquilsagissai
tduntraumatismedecejourlànousnoussommesdoncassoupisplusieur
sfoissurlelitprèsdeluiquenoscorpssesoienttouchésétaitdoncsûreme
ntinévitableetlachairestfaibleellearessentimonérectionquandjemen
suisaperçuilétaittroptardelleasimplementmurmuréquestcequilnous
arrivemaréponsefutsûrementappropriéeahtoiégalementetaprèscest
moinsvisiblemaisaussifortcefutrapidejignorecequenotrecouplepeut
donnerelleégalementnousnecherchonspasànouscacherquenousnec
orrespondonsabsolumentpasauprofilquenousaurionsrecherchésuru
nsitederencontreslavienousaplacéslunàcôtédelautreaucunjetaimeni
demonamournouscontinuonsànousappelerparnosprénomsaucuneef
fusiondurantlajournéemaispourtantpasuneseulenuitmêmelesjoursd
erèglesnousnenousendormonssansunionjaimefairelamouravectoije
mesensbienquelquechosepasseentrenoustoutsimplementjemesensb
ienégalementauquotidienromainsaitnousempêcherdepenseràautrec
hosemaislamanièredonttuvisentrelesbêtesteslivrestonordinateurton
appareilphotoettesbaladestoutcelameconvientcestsimplemaisrepos
antilsestinstalléunetendresseunrespectentrenouscestsurprenantcarl
apremièrefoisquejetaivujenepouvaispascroirequemafillesesoitentic
héedetoimaisderrièretesairsbizarrestuesquelquundebienleplussouv
entcestlecontrairejenesaispassiçaduraraainsisiçasetransformeraena

mourjaipresque48ansetjenecroisplusenrienlassassinatdemafillejela
ivécucommesilonmavaitmutiléejemesuisaccrochéeàromainsanslui
jemeseraissûrementsuicidéecétaittropdouloureuxquandjaicompris
quilnyavaitpasdautresolutionjaiacceptédeveniravectoitoutenredout
antuneguerredevantleberceauouleslarmesdusouvenirdemafilleetau
jourdhuijesuisbiendanstesbrasmêmesijenepeuxmempêcherdeparfo
ispenserquetularetrouvesenmoicommetupeuxlaretrouverenmoitus
aisquellemaaimébienplusquejelepensaismêmejemesensbienquand
noscorpssunissenttoutsimplementjesaiscommetoiquentrenousilnes
eraitrienpassédansunevienormalemaisquestcequuenevienormaleetle
jouroùellemademandéquestcequiteferaitplaisiruneidéemestpasséep
eutêtreunphantasmeetdepuispresquechaquematinellemeréveillein
sijepensequilnyaaucunlienavecnadègerepartantavecunpeudemoile
3avril2012unvieuxphantasmequaucunefemmenavaitvouluoupuréa
lisercertesaucunenelavaitconnuaucunenemavaitposéunequestionp
ouvantsuscitercetteréponsecettehistoiredureraplusongtempsqueles
autrespourlapremièrefoisjevisavecunefemmeplusâgéequemoietces
tvraijeneressensaucunedifférencedâgeettoutdansnotreunionsemble
harmonieuxduneharmonienaturellealorsquellenécessitaituncombat
avecaminasuividheuresderancunesdesêtreainsidonnéelejournaturel
lementsestraitssontmoinslissesouijyobserveparfoisnadègevieilliem
êmesiheureusementelleavaitlesyeuxdesonpèrecestcelalamourjuste
celaaucunamourbétonjustedeshistoiresoùlonessayedevivredumieu
xpossiblepourpermettreàlharmonienaturelledesinstallerchaquesoir
jelisdenouveauquelquespagesdesénèquecestbonsigneensouriantje
midentifieàluciliusetreçoisavecplaisirdemonamisitupratiqueslaphil
osophiecelavabiencestelleeneffetquidonnelavraiesantéjetelaccorde
onaplusdepeineàresterfidèleauxrésolutionsquonaprisesquàlespren
dreconformesàlavertu

lxxviilagariotte

onnepeutpaslaissernadègedansuneurnefunéraireàaubervilliersellea
imaitcetendroitjecroisquesescendresdoiventsyrépandrecenestpasto
navisjemesentaissurprissurtoutjeprenaisconsciencedavoiraumaxim
umbloquétoutespenséessurcequelleavaitenduréetledevenudesonco
rpstantappréciéjesubissaisunfrémissementgénéralfinalementuneid
éemetraversaitjecroisquelleauraitpréférélidéedefinirsurleplateauda
nslagariottenousdécidâmesdessayerdacheterleterrainpourletransfor
merenmausoléelesservicesfiscauxducadastrenousfournirentlenom
dupropriétaireheureusementilnesagissaitpascommejelavaisredouté
delagriculteurayantàplusieursreprisesaccrochélemurdelamaisonen
passantavecdesoutilstroplarges;lamairierefusedinterdirelaruelleau
matérielagricolenousluiexpliquâmestoutsimplementnotreintention
ilfutémuetacceptamaisjusteuncoinilpossédaitlàenvirondixhectaresf
inalementilnouscédaàpartirduchemineterjusquaumuretenpierressèch
es512mètrescarréstroismilleeurossoitbienplusquelavaleurduterrain
enfrichemaisquandmêmepasauprixduterrainconstructibleauxquelsi
lfallutnaturellementajouterlesfraisdenotaireset130844eurosdefrais
darpentageetdedivisionparcellaire

lxxviiilanniversaire

aprèssonexigenceensixmotsilfautquetudeviennesmusulmanjamaisj
enaiéprouvélenviedefaireplaisiràaminaellenousavaitplacéssousunc
ouperetetavantjenenaipaseuloccasionjeluiachetaisdescadeauxuniq
uementpourévitersescolèrestoujoursentraînantlespiedsetenpensant
celatotalementinutiledérisoirefaceàsonsouhaitdemetransformerjam
aisunefemmeavantellenavaitsouhaitéainsimemétamorphosercertes
mhabillermieuxmecoiffercorrectementmeraserjaidoncétésurprispa
rlenviedoffriràsabineunvéritableanniversairedesfleurslematinsurlat
ablejemétaislevélanuitpourencouperdanslejardinlemidilaboulangèr
enousamenadestropéziennespuisquecommemoiellelesadoreetensui
tejelemmenaisàcahorspourunebaladeàtroissurlelotlarivièreuntrucd
etouristescertesmaisunepetitechosequejenavaisjamaisconnueetjela
iinvitéeaurestaurantpaspourcequelonpourraitymangerjenaijamaisc
ompriscetattraitpourdelamauvaisecuisinealorsquonpeutenréaliserd
elabonnechezsoimaisjusteparcequellemavaitparlédecetteépoquepa
ssilointaineoùchaquesamediellesortaitquantaucadeaujemanquaisce
rtesdentraînementpourêtreoriginalmaislekindleremplidemacentain
edebooksluifitbienplusplaisirquelemêmeobjetcertesvideàlautrejav
aishésitéquelquepartcestcekindlequifutàloriginedeladisparitionden
adègeavecletriomphedekadermaisouiilnousfautvivresansenvouloir
auxobjetsinnocentsdelamanièredontonlesautiliséscettephraseenlui
exposantmesréticencesdanscechoixjelaiconsidéréedebonnequalitél
uidemandantmêmedelasaisirpoursentraîneràlaprisedenotescesoirlà
pourlapremièrefoisnousnoussommesembrassésendehorsdesinstant
sdunionetmêmeenpleinelumièreromainfutbizarrementunangeelle
meconfiaensuitelundesesprojetsjypensedepuisunmomentjavais47a
nsjenai48ledocteurestbiengentildemereconduireenarrêtsmaladiem
aisçanedurerapasjenesaispassijefiniraimesjoursavectoimaissituesd
accordpourpenserquepeutêtrenousresteronsensembleaumoinsquel
quesannéesjenvisagedevendremonappartementlàhautcarjenauraija
maislaforcedyretournerexitmonchertravailetjenaipaslenviedencher
cherunautreaveccetteventejepeuxlargementtenirsanstravaillerjusqu
àlaretraiteetilmeresteramêmeunpetitcapitalpourlejouroùjedevraitro
uverunappartementsilonseséparecetargentreviendraàromainnou

svivonsdepeuetcepeumesuffitilnemauraitpassuffià30ansmaisjeco
mprendstonchoixdevietavolontédedépenserlemoinspossiblepourte
niraveclesfaiblesrevenusdeteslivresdoncvoilàsitupensesquelaviequ
onconnaîtdepuistroismoispeutdurersitunevoispasuntrucquejaurais
oubliéjevaisdéfinitivementfermerlapagedu93pourmapartjeluiavou
aisavoiressayéderéaliserungroscoupretrouverlescinqcentsbilletsde
centeurosquekaderdoitbienavoircachésparicimaisaprèsavoircreusé
partoutoùlaterresemblaitavoirétéremuéeavoirretirédesdizainesdepi
erresdesarénovationrienabsolumentriencettemaisondevraitbientôtê
trevendueetnousavonslogiquementdécidédeplacersuruncompteblo
quéaunomderomaintoutcequiluireviendraitnoussommespresqueun
eformedecouplemêmesisabineconservelestatutdhébergéeàtitregrat
uitquantàlanatureexactedemessentimentsjelignoreoncroitquilfautd
eschosesexceptionnellespourvivreensembleaminaeutbesoindunegr
andemiseenscènepourfranchirlecapmaisunamoursansquiétudesom
brerapidementalorsquilfautsurtoutunevolontécommunecequipeute
xpliquerquelesfemmesethommesnétaientpasplusmalheureuxquand
lesparentslesunissaientplutôtquedelaisserdesdétailscommelalongu
eurdescheveuxoulacouleurdesyeuxorienterleurviesuisjesortidemon
voyageauboutdelanuitpuisjeenfinmeconsacreràlarévolutionnuméri
que

Tous droits de traduction, de reproduction, d'utilisation, d'interprétation et d'adaptation réservés pour tous pays, pour toutes planètes, pour tous univers.

Illisible ! de Stéphane Ternoise.
Dépôt légal lors de la sortie numérique du 26 septembre 2015.

Imprimé par CreateSpace, An Amazon.com Company pour le compte de l'auteur-éditeur indépendant.
livrepapier.com

ISBN 978-2-36541-691-7
EAN 9782365416917

© **Jean-Luc PETIT - BP 17 - 46800 Montcuq - France**

www.ingramcontent.com/pod-product-compliance
Lightning Source LLC
Chambersburg PA
CBHW060222180626
46813CB00007B/2929